Karl Reifenkugel

Die Universitäts-Bibliothek in Czernowitz, 1885-1895

Karl Reifenkugel

Die Universitäts-Bibliothek in Czernowitz, 1885-1895

ISBN/EAN: 9783743380981

Hergestellt in Europa, USA, Kanada, Australien, Japan

Cover: Foto ©ninafisch / pixelio.de

Manufactured and distributed by brebook publishing software
(www.brebook.com)

Karl Reifenkugel

Die Universitäts-Bibliothek in Czernowitz, 1885-1895

DIE

BUKOWINAER LANDESBIBLIOTHEK

UND DIE

K. UNIVERSITÄTS-BIBLIOTHEK

IN CZERNOWITZ.

———

GESCHICHTE UND STATISTIK

VON

Dᴿ· KARL REIFENKUGEL

K. K. UNIVERSITÄTS-BIBLIOTHEKAR.

CZERNOWITZ.
IM SELBSTVERLAGE DES VERFASSERS.
1885.

Vorrede.

Die gegenwärtige Schrift verfolgt in erster Linie den Zweck, anlässlich des zehnjährigen Bestandes der Universität Czernowitz einen Bericht über die Entstehung der Universitätsbibliothek und über die Verwaltung derselben zu erstatten.

Dieser Darstellung musste eine Geschichte der Landesbibliothek vorangehen, weil dieses Institut vollständig in die Universitätsbibliothek aufging und gewissermassen als Vorläufer derselben zu betrachten ist. Wenn es scheinen sollte, dass diese Geschichte im Verhältnisse zur Grösse der Bibliothek, welche am Schlusse der ersten Periode ihres Bestandes (1861) kaum den Rahmen einer grossen Privatbibliothek erreichte, zu umfangreich behandelt wurde, so mag zur Entschuldigung angegeben werden, dass mehr als die Bibliothek selbst die edlen Bestrebungen des Landes beachtungswürdig sind, welche dieses Institut ins Leben riefen, und dass mit der Geschichte dieser Bestrebungen ein Stück Culturgeschichte der Bukowina gegeben ist.

Anderseits dürfte das, was über die Verwaltung und Organisation der Universitätsbibliothek angegeben wurde, verhältnissmässig zu kurz scheinen. Gegen diesen Einwand muss erwähnt werden, dass diese Organisation noch immer in dem Stadium der ersten Entwicklung sich befindet und dass manches von demjenigen, was nicht abgeschlossen ist, sich der Erörterung an dieser Stelle entzieht. Vielleicht wird der nächste zehnjährige Bericht sich mit diesem Capitel umfangreicher beschäftigen können.

Zum Schlusse dieser einleitenden Worte fühle ich mich einem hohen k. k. Ministerium für Cultus und Unterricht, welches die Druckkosten dieser Schrift zu decken geruhte, zum ehrfurchtsvollen Danke verpflichtet.

Czernowitz am 1. August 1885.

Erster Abschnitt.

Die Bukowinaer Landesbibliothek.

Erstes Capitel.

Die Bukowinaer Landesbibliothek unter Verwaltung des Landesbibliotheken-Comités.

1851—1861.[1]

1. Gündungsgeschichte.

Den Anlass zur Gründung der Landesbibliothek gab der traurige Zustand, in welchem sich am Beginne der Fünfziger-Jahre die Bibliotheken der Czernowitzer Lehranstalten befanden. Ein öffentlicher Aufruf des damaligen Landespräsidenten Adalbert Freiherrn v. Henniger vom 27. März 1851 äussert sich darüber folgendermassen:[2]

---

[1] Als Quellen für diese Periode dienten die in den Acten des Landes-ausschusses Fasc. XVII aufbewahrten Sitzungsprotokolle und Acten des ehemaligen Landesbibliotheken-Comités, ferner die von demselben erstatteten Jahresberichte, von denen diejenigen für die Jahre 1852/59 gedruckt, dagegen jene für die Jahre 1851 und 1860,61 bloss geschrieben in den von der k. k. Universitätsbibliothek übernommenen Landesbibliotheks-Acten (Fasc. X) erliegen. Dass auch der erste Jahresbericht für 1851 gedruckt wurde, geht aus dem Sitzungsprotokolle des Comités vom 29. Februar 1852 (LAA.) hervor. — Wir werden in den folgenden Anmerkungen die Landesausschuss-Acten mit LAA, die in der k. k. Universitätsbibliothek erliegenden Landes-bibliotheks-Acten mit LBA. bezeichnen.

[2] Mehrere lithographirte Exemplare dieses Aufrufes befinden sich in den LAA.

„In einem beispiellos traurigen Zustande befinden sich die Büchersammlungen der Czernowitzer Lehranstalten, für welche nur in den letzten verflossenen paar Jahren zweckmässige Anschaffungen stattfanden. Selbst von dem Vorhandenen kann höchstens die Hälfte erträglich brauchbar genannt werden, äusserst Weniges entspricht dem Zwecke solcher Sammlungen vollkommen. Es fehlt fast gänzlich an den für Geistesbildung so unendlich wichtigen Classikern der neueren Literaturen, an den nothwendigsten Hilfsbüchern für das Studium der alten Sprachen, an besseren historischen und mathematischen Werken, an Erleichterungsmitteln des geographischen, physikalischen, naturhistorischen Unterrichts durch Landkarten und Abbildungen; sie besitzen kein Buch zur Unterstützung des Studiums der Landessprachen und ihrer Literatur, keine einzige brauchbare Geographie, Physik oder Naturgeschichte, kein encyklopädisches, zur Orientirung in dem Gesammtgebiete menschlichen Wissens bestimmtes Werk, nichts von Jugendschriften, welche, das Angenehme mit dem Nützlichen verbindend, auf eine dem zarten Alter entsprechende Weise zur Erweiterung und Belebung des Inhaltes einzelner Lehrgegenstände oder zur moralisch-religiösen Bildung im Allgemeinen geeignet wären."

Dem Umstande, dass eben damals „tüchtige Lehrkräfte mit besonderer Auswahl dem östlichsten Gymnasium Oesterreichs zugeführt wurden", wird es wohl zuzuschreiben sein, dass die Aufmerksamkeit des Landespräsidenten auf die so geschilderten Zustände gelenkt wurde, und dass derselbe am 26. August 1850, Z. 16.019, eine Circularnote an die Behörden und Gemeinden des Kronlandes Bukowina ergehen liess, in welcher dieselben zur Sammlung von Beiträgen „zur Errichtung einer Bibliothek am Czernowitzer Obergymnasium" eingeladen wurden. Da eine Gymnasialbibliothek damals bereits vorhanden war, so konnte diese Bibliotheksgründung nur die Bedeutung haben, dass die gesammelten Beiträge zur Ergänzung der Büchersammlung des Gymnasiums zu dienen hatten.

Dieser Aufruf fand aber wenig Anklang; eine bloss unbedeutende Summe von circa 22 fl. konnte am Schlusse der Sammlung an den Lehrkörper des Gymnasiums abgeführt werden.

Dagegen fiel der durch obige Initiative erweckte Gedanke
der Gründung einer selbständigen öffentlichen Bibliothek auf
einen überaus fruchtbaren Boden. Im Herbste des Jahres 1850 [1]
veranstaltete der Grundbesitzer zu Okna, Michael Zotta, unter
seinen Standesgenossen eine Sammlung zum Zwecke der Gründung einer selbständigen Landesbibliothek und das Ergebniss
war eine Subscription von mehr als 1000 fl. C.-M. Der
hervorragende Claviervirtuose Karl von Mikuli widmete das Er-
trägniss eines im Winter 1850 51 veranstalteten Concertes im
Betrage von 1030 fl. für die zu gründende Landesbibliothek mit
der Bestimmung, dass diese Summe zur Anschaffung von historischen und nationalökonomischen Werken verwendet werde.
Ausserdem wurde eine grosse Pfänderlotterie geplant, für welche
die Damen der Bukowina die Gewinnstgegenstände spenden
sollten. Der am Eingange dieser Darstellung erwähnte Aufruf
des Freiherrn von Henniger war eben zu diesem Zwecke an die
Damen der Bukowina gerichtet.

Nachdem in dieser Weise eine zur ersten Gründung der
Bibliothek ausreichende Summe gesichert zu sein schien, wurden
die Subscribenten der Gründungssumme [2] von dem Landeschef
zu einer Berathung versammelt, als deren Ergebniss der Beschluss
hervorging, „die beabsichtigte Büchersammlung unter dem Namen
Landesbibliothek sofort ins Leben zu rufen".

Noch an demselben Tage, an welchem diese Versammlung
stattfand, am 26. März 1851, berichtete der Landeschef über das
Ergebniss derselben an das k. k. Ministerium für Cultus und
Unterricht: „Indem ich von der ursprünglich beabsichtigten Errichtung einer Gymnasialbibliothek abgehe, folge ich dem allgemeinen Wunsche der Betheiligten, die eingeflossenen Beiträge

---

[1] Petition des Gründungscomités vom 20. April 1851 um Genehmigung
der Statuten des Landesbibliothekenvereins (LAA.).

[2] Auf obiger Petition sind nachstehende Personen unterzeichnet und ist
darin ausdrücklich erwähnt, dass von ihnen oder von ihren Familienmitglie-
dern die erste Subscription herrührte: Joh. Freih. v. Mustatza, Jacob Mikuli
(zwei Unterschriften desselben Vor- und Zunamens), N. Freih. v. Petrino,
Michael Zotta, Louis Graf Logothetti, Christoph Petrowicz, Baron O. Petrino,
Heinrich Mikuli, Jordaki Wassilko, A. Kostin.

der Errichtung einer Landesanstalt zu widmen."[1] Der Bestand
des Landesbibliothekenvereines wurde in Erledigung dieses Berichtes mit Erlass des k. k. Ministeriums für Cultus und Unterricht vom 22. April 1851, Z. 3563, genehmigt und die Statuten
des Vereines unterm 18. Mai 1851 bestätigt.[2]

Die auf Gründung, Zweck und Eigenthumsverhältnisse be-
zugnehmenden Bestimmungen sind in den §§ 1, 2 und 3 der
Statuten enthalten, welche also lauten:[3]

§ 1. Die Bukowinaer Landesbibliothek ist durch die freiwilligen Beiträge des ganzen Landes begründet worden und hat
den Zweck, das Interesse für höhere Bildung wach zu erhalten
und dieselbe zu unterstützen. Die Benützung steht daher dem
gebildeten Publicum und den Czernowitzer Lehranstalten offen.

§ 2. Die Bukowinaer Landesbibliothek ist Eigenthum des
Landes und steht unter Verwaltung des Landesausschusses.

§ 3. Bis zur Bildung des Landesausschusses wird diese Verwaltung von einem Comité geführt, welches von den Gründern
der Bibliothek gewählt wurde.

Das Comité constituirte sich in seiner ersten Sitzung am
4. Mai,[1] indem es den Freiherrn Johann von Mustatza zum Vorsitzenden, den Landeschef Baron Henniger zum Stellvertreter des
Vorsitzenden, den Prof. Dr. Adolf Ficker zum Geschäftsführer
für den literarischen, den Grundherrn Alexander von Kostin für
den ökonomischen Theil seiner Aufgabe erwählte.

Die Sitzungen wurden seither, ausgenommen die Monate
August und September, regelmässig fortgesetzt und liefern die
darüber verfassten Sitzungsprotokolle den Beweis einer äusserst
regen Thätigkeit des Comités.

Die feierliche Eröffnung der Bibliothek war ursprünglich
für den 23. Jänner 1852 festgesetzt,[5] verzögerte sich jedoch in

---

[1] LAA. für 1851.

[2] Stenogr. Protokolle des Bukowinaer Landtages 1875, Anh. XII, S. 2.

[3] Vollständig abgedruckt im fünften Jahresbericht des Comités zur
Gründung und Verwaltung der Bukowinaer Landesbibliothek. 1855, S. 6 ff.

[4] Erster Jahresbericht LBA.

[5] Sitzungsprotokoll vom 14. December 1851, LAA.

Folge eingetretener Raumschwierigkeiten bis zum 29. September dieses Jahres.[1]

2. Beschaffung des Fonds.

Die erste Aufgabe des Comités war, den zur Gründung der Bibliothek bereits bestehenden Fonds durch Einsammlung weiterer Widmungsbeträge zu vergrössern, andererseits aber den weiteren Bestand der Anstalt durch eine ausgedehnte Subscription jährlich zu leistender regelmässiger Beiträge zu sichern.

Zu diesem Behufe wurde am 17. Juni 1851 eine neuerliche Aufforderung[2] zur Unterzeichnung von Beiträgen erlassen und wurde in der Sitzung vom 1. November der Beschluss gefasst, „das ganze Kronland in sehr kleine Bezirke zu theilen und in jedem derselben einen verlässlichen, eifrigen Mann zur Aufbringung jährlicher Beiträge aufzustellen, der von Haus zu Haus zu gehen, zum Beitritte aufzufordern und die Beiträge einzusammeln hätte."[3] In diesem Sinne erfolgte in der Sitzung vom 9. November die Eintheilung des Landes in 13 Bezirke. Auch in den Nachbarländern (Moldau, Siebenbürgen, Galizien) wurden mehrere daselbst domicilirende Bukowinaer eingeladen, sich an der Förderung des Unternehmens zu betheiligen.

Von der im Herbste des Jahres 1850 subscribirten Gründungssumme liefen bis 31. December 1851 675 fl. ein. An dieses durch den Ertrag des erwähnten Mikuli'schen Concertes vermehrte Stammcapital schlossen sich nachstehende einmalige Schenkungen grösserer Beträge an:[1]

Von Sr. kais. Hoheit dem Erzherzoge Franz Karl bei Gelegenheit der Annahme des für die Landesbibliothek gewidmeten Adolf Staufe'schen Albums 5o fl., von den galizischen Grundherren Nicolaus und Anton Romaszkan 150 fl., von den aus Anlass der Anwesenheit Sr. k. k. Majestät im Jahre 1851 anwesenden moldauischen Ministern 283 fl.; von Jacob Ritter von

---

[1] Jahresbericht für 1852.
[2] Mehrere lithographirte Exemplare befinden sich in den LAA. für 1851.
[3] Sitzungsprotokoll vom 1. November 1851 I.AA.
[4] Laut Jahresberichten.

Mikuli sen. 160 fl., von Christoph Ritter von Petrowicz 200 fl., von David von Antoniewicz, Demeter Ritter von Kostin, Landes-Medicinalrath Dr. Zachar, Dr. Illaszczuk aus Jassy, Michael Ritter von Romaszkan je 100 fl.; vom Landespräsidenten Baron Schmück 50 fl., vom Spiritual Blazewicz 40 fl. u. s. w.

In successiven jährlichen Beiträgen leisteten: [1] Dr. Emanuel Kostin (1852—53) 225 fl., Johann Freiherr von Mustazza (1853 bis 1854) 150 fl., Dr. Jacob von Lazeczko (1852—55) 140 fl., der Grossdwornik Aleko von Sturdza-Berladan (1852—53) 120 fl., Georg Freiherr von Wassilko (1855—59) 60 fl., der Landeschef Baron Adalbert Henniger (1851—53) 60 fl., Karl von Mikuli (1854—57) 60 fl., die Archimandriten Dositheus Tiszkowicz und Artemon Bortnik (1852—56) à 48 fl., der Archimandrit Philaret Böndewski (1852—53) 32 fl., die theol. proff. Nicolai Hackmann und Constantin Popowicz (1852—56) à 32 fl. u. s. w.

Die Leistungen des Bukowinaer Adels für die Gründung und Erhaltung der Landesbibliothek verdienen eine um so grössere Anerkennung, als zwei Drittel des Grundbesitzes der Bukowina sich damals wie auch jetzt noch in den Händen des griechisch-orientalischen Religionsfonds befanden. Wegen Erlangung einer grösseren einmaligen Beitragsleistung von Seiten dieses Fonds hat das Comité am 26. Jänner 1852 eine Bittschrift an das Ministerium für Cultus und Unterricht gerichtet, dieselbe wurde jedoch unter Hinweisung auf die gesetzlichen Bestimmungen abgewiesen, denen zufolge der Religionsfonds nur zu den Zwecken des Volksschulwesens herangezogen werden dürfe. [2]

Die private Betheiligung des griechisch-orientalischen Clerus war aber eine eminent hervorragende und die vielen, noch heute in den Acten des Landesbibliothekenvereines erliegenden Sammlungslisten geben ein ruhmreiches Zeugniss von der Rührigkeit,

---

[1] Laut eines in dem Archive der k. k. Universitätsbibliothek vorhandenen Vormerkbuches, in welchem jedoch die ersten 16, wie es scheint, unbeschriebenen Seiten fehlen. — Auf vollständige Genauigkeit erheben sowohl diese als die vorangehenden Daten keinen Anspruch, da das vorhandene Quellenmaterial lückenhaft ist.

[2] LAA. Sitzungsprotokoll vom 14. December 1851 ff. vgl. Sitzungsprotokoll vom 10. April 1853.

welche die Pfarrer der einzelnen Ortsgemeinden in dem Sammlungsgeschäfte entwickelten.

Der griechisch-orientalische Bischof Eugen Hackmann ging in diesem begeisterten Streben nach dem Gedeihen des Institutes voran, indem er nicht nur einen Aufruf an den gesammten Clerus seiner Diöcese ergehen liess (13. October 1852), sondern auch aus seiner Handcasse zuerst den Betrag von 200 fl. (1856) und neuerdings (1860) den Betrag von 100 fl. widmete.[1]

Besonders bemerkenswerth ist auch der Antheil, den die Landbevölkerung der Bukowina an diesem geistigen Unternehmen genommen hat.

In Folge eines am 31. März 1852 an die Gemeinden des Kronlandes gerichteten Aufrufes des Landespräsidenten Baron Henniger liefen nachstehende grössere Widmungsbeträge ein: Von der Gemeinde Storożinetz 108 fl., von den Gemeinden der Cameralherrschaft Zuczka 1225 fl., von den Gemeinden der Cameralherrschaft Kotzman 200 fl., von Okna mit Czerny-Potok, Onuth und Samuszyn 150 fl., von Bahrinestie fl. 50, von den Gemeinden der Gurahumorer Cameralherrschaft 47 fl. u. s. w.

Neben der Einsammlung von einmaligen Widmungs- und regelmässigen Jahresbeiträgen wurde dem Bibliotheksfonds auch noch durch Veranstaltung von Bällen, Concerten u. dgl. aufgeholfen. Eine der ersten Beitragsleistungen dieser Art war eine Spende des Czernowitzer Schützenvereines, welcher im Mai des Jahres 1851 den Ertrag eines Bestschiessens in der Höhe von 82 fl. der Landesbibliothek widmete. Einen glänzenden Erfolg hatte die im Jahre 1851/52 von Baron Henniger angeregte Lotterie, aus welcher ein Reinertrag von ungefähr 1500 fl. erzielt wurde. Ein zweites vom Claviervirtuosen Karl von Mikuli im Jahre 1857 gegebenes Concert gab den Reinertrag von 322 fl. Durch Veranstaltung sogenannter „Bibliotheksbälle" flossen dem Fonds zu: im Jahre 1852 300 fl., im Jahre 1856 800 fl., im Jahre 1857 535 fl., im Jahre 1859 1101 fl., im Jahre 1861 1246 fl.[2]

---

[1] LAA. 1856 Nr. 28 und 1860/61.
[2] Diese letzte Summe laut einer Rechenlegung in LAA. 1860/61.

Selbst die erste Einrichtung der Bibliothek wurde von Privaten beigeschafft und haben in dieser Richtung Nikolaus Baron Petrino, der Grundherr H. Krzysztofowicz, der Archimandrit Böndewski und ein damals aufgelöster Leseverein theils in natura, theils in Baarem Beiträge geleistet.

Von ganz besonderer Bedeutung war die mittels Schenkungsurkunde vom 22. Juli 1851 von dem moldauischen Bojaren Skarlat Wernaw gemachte Schenkung der sub Nr. top. 451 gelegenen Realitätenhälfte (gegenwärtig Herrengasse Nr. 41) zum Zwecke der Errichtung eines eigenen Bibliotheksgebäudes. An diese Schenkung reihte sich die Widmung der anderen Hälfte mittels Schenkungsurkunde des Bruders des Ersteren, Konstantin Wernaw ddo. 14. Jänner 1858.[1]

Baron Henniger, welcher bei allen Angelegenheiten, welche die Bibliothek betrafen, eine ungewöhnliche Energie entwickelte, hatte schon im Jahre 1852 die Baufrage in Anregung gebracht. In der Sitzung vom 7. März d. J. wurden unter Hinzuziehung eines Architekten und von Vertretern des Vereines für Landescultur und Landeskunde, dessen administrative Vereinigung mit der Landesbibliothek geplant wurde, ganz ernste Berathungen über die Mittel und Wege zur Zustandebringung eines eigenen Bibliotheksgebäudes gepflogen.[2]

Es blieb zwar damals bei blossen Berathungen, aber der Gedanke tauchte wieder auf, als man in dem Verlaufe der Jahre zur Einsicht gelangte, dass Regieauslagen und Miethzins den grössten Theil den Jahreseinnahmen verschlangen. So konnten beispielsweise im Jahre 1857 auf Bücheranschaffungen und Buchbinderarbeiten nur 16 fl. 51 kr. verausgabt werden, während in demselben Jahre die Miethe des Locales und die Regieauslagen 615 fl. 24 kr. betrugen.[3] Diese Summe war aber noch immer

---

[1] LAA. 1852, Nr. 16 und 23. Das. 1859.
[2] Das. 1852 Sitzungsprotokolle vom 29. Februar und 7. März. Vgl. das. 1865 Nr. 141.
[3] Jahresbericht 1857.

nicht die Maximalsumme der in diese Kategorie gehörigen jährlichen Ausgaben. [1]

Unter solchen Umständen flackerte im Jahre 185... die
Begeisterung der Bukowinaer Patrioten für das selbstgeschaffene
Institut von Neuem auf. Hervorragende Mitglieder des Adels ver-
anstalteten abermals eine Subscription zur Errichtung eines
Bibliotheksgebäudes auf dem bereits vorhandenen Grunde.

Nachstehende Personen leisteten sofort die subscribirten
Beiträge: [2]

Michael Fürst von Stourdza	. 2000 fl.
Johann Ritter von Kirste .	1000 „
Johann Baron von Mustazza . . .	500 „
Gebrüder von Popowicz aus Strojestie .	1200 „
Michael Ritter von Romaszkan aus Ispas .	300 „
Jacob Ritter von Petrowicz	500 „
Sigmund von Grodzicki aus Zacharestie . .	100 „
Lazar von Passakas aus Witelówka	50 „

Auserdem wurde von mehreren Grundherren und Adeligen,
der Betrag von 2350 fl. zugesagt, von welcher Summe noch in

---

[1] Die Regieauslagen betrugen laut Jahresberichten:
Im Jahre 1851: 42 fl. 42 kr. C.-M.

„ „ 1852: 314 „ 08 „ „ (Besoldung eines Dieners 108 fl., seitdem
ständige Ausgabe.)

„ „ 1853: 615 „ 37 „ „ (Einrichtungsstücke 200 fl.)

„ „ 1854: 614 „ 13 „ „ (dto. 200 fl., Miethe 143 fl.)

„ „ 1855: 461 „ 37 „ „ (Miethe 230 fl.)

„ „ 1856: 696 „ — „ „ („ 260 „)

„ „ 1857: 615 „ 24 „ „ („ 300 „)

„ „ 1858: 661 „ — „ „ („ 300 „)

„ „ 1859: 902 „ 15 öst. W. („ 444 fl., Uebersiedelung, neue
Schränke.)

„ „ 1860 u. 1861 circa 600 fl. per Jahr (genauere Daten nicht eruirbar).
Diesen Ausgaben gegenüber waren als ständige Jahreseinnahmen im Jahre 1854
die Beiträge von 76 Mitgliedern mit Jahresbeiträgen von 466 fl. Conv.-M. zu
betrachten. (I.AA. 1855 Nr. 21). Indessen nehmen die Einzahlungen von
Jahresbeiträgen seit 1855 rapid ab.

[2] Jahresbericht für 1858 S. 5.

der Periode der Landesausschussverwaltung der bedeutendste Theil auch factisch eingezahlt wurde.

Für den Fall der Inangriffnahme des Baues sicherten Johann Baron von Mustazza 50 Klafter Bausteine, Manz Ritter von Mariensee das nöthige Eisen, Emanuel Ritter von Styrca 500 Korez Kalk und Glasscheiben, Michael Ritter von Romaszkan das nöthige Bauholz zu.

Dies ist der Ursprung des „Bibliotheksbaufonds", welcher in der Periode der Verwaltung der Bibliothek durch den Landesausschuss seine eigene Geschichte hatte, auf die wir im Verlaufe der Darstellung zurückkommen werden.

Auf Grund der Jahresberichte gestalteten sich die Einnahmen des Bibliotheksfonds in den einzelnen Jahren der geschilderten Periode, wie folgt:

Im Jahre:

1851	.	2.296 fl. 31 kr. C.-M.
1852	.	5.029 „ 15 „ „
1853	. .	601 „ — „ „
1854	. .	865 „ 10 „ „
1855	. .	447 „ — „ „
1856	. .	1.417 „ 56 „ „
1857	. .	932 „ 30 „ „
1858	. .	1.326 „ 05 „ „

12.915 fl. 27 kr. C.-M. $=$ 13.561 fl. 22 kr. ö. W.

1859	. . . . .	1.335 „ $77^{1/2}$ „ „
1860	. . . . . .	443 „ 05^{1}_{2} „ „
1861	. . . . . .	1.384 „ 04 „ „

Summe 16.724 fl. 09 kr. ö. W.

Rechnet man zu dieser Summe den in obiger Zusammenstellung nicht einbegriffenen Baufonds, welcher bis zur Zeit der Uebergabe der Bibliothek an den Landesausschuss auf 6031 fl. 20 kr. anwuchs, so erreichte die Gesammtsumme der in den Jahren 1851—61 aus Privatmitteln gesteuerten Gelder den stattlichen Betrag von 22.755 fl. 29 kr. ö. W.

3. Bildung des Bücherstandes.

Die Bildung und Vermehrung des Bücherbestandes geschah auf doppeltem Wege: durch Kauf und durch Schenkungen.

Die auf Bücheranschaffungen und Buchbinderarbeiten verausgabten Summen waren folgende:[1]

Im Jahre:

```
1851  .  .  .  880 fl. — kr. C.-M.
1852  .  .  . 1518 „  26 „      „
1853  .  .  .  893 „  41 „      „
1854  .     . 219 „  07 „      „
1855  .  .  .  180 „  06 „      „
1856  .  .  .   80 „  —  „      „
1857  .     .   18 „  51 „      „
1858  .  .  .  600 „  —  „      „
```

4390 fl. 11 kr. C.-M. = 4609 fl. 69 kr. ö. W.

```
1859  .  .  .  .  .  .  .  .     .  .  337 „  56 „    „
1860  .  .  .  .  .  .     .  .     .  .  . 277 „  36 „    „
```

Summe 5224 fl. 61 kr. ö. W.

Mit Zugrundelegung des allerdings unzuverlässigen Inventars dieser Periode konnten hinsichtlich der Zahl der für diese Summe gekauften Werke nachstehende Ziffern ermittelt werden:

Im Jahre:

```
1851  .           430 Bände  20 Hefte
1852  .  .        543   „    20   „
1853  .  .        485   „   162   „
1854  .  .        105   „    89   „
1855  .  .         47   „    —    „
1856  .  .  .       48   „    14   „
1857  .  .  .  .     6   „    11   „
```

Fürtrag 1664 Bände 316 Hefte

---

[1] Für die Jahre 1851—59 laut Jahresberichten, für 1860 laut Inventar 1860 Post 283 ff. (205 fl. 36 kr.) und LBA. Fasc. III Nr. 5, Beilage zum Bericht des Custos Popowicz, ddo. 19. März 1867, in Angelegenheit der beabsichtigten Versicherung der Bibliothek (Bücher 36 fl., Einband 36 fl.).

	Uebertrag	1664 Bände	316 Hefte
1858	57 „	45 „
1859 . . .	139 „	55 „
1860	77 „	— „
Summe	1937 Bände	416 Hefte.[1]

Es kann also approximativ angenommen werden, dass in der Periode 1851—60 in runder Summe 2000 Bände käuflich erworben wurden, eine Ziffer, welche im Verhältnisse zu der für diesen Zweck verausgabten Summe von 5224 fl. sehr beträchtlich ist.

Als leitende Grundsätze beim Ankaufe von Büchern galten nach § 13 der Statuten:

a) Dass die Anschaffungen systematisch, nach wohl überdachtem Plane geschehen, um die Geldmittel nicht nutzlos zu zersplittern;

b) dass eben darum die Anschaffung von Specialwerken und Monographien in jedem Fache so lange unterbleibe, bis für das Allgemeine eines jeden Faches genügend vorgesorgt ist;

c) dass jedem einzelnen Fache eine Berücksichtigung nur in jenem Masse zu Theil werde, in welchem seine grössere oder geringere Bedeutsamkeit für den Zweck der Bibliothek sich kundgibt;

d) dass, so viel möglich, der Weg des Antiquarbuchhandels gewählt werde.

Die Anschaffungen wurden grösstentheils in Wien besorgt und haben in dieser Richtung Dr. Ficker seit seinem Abgange nach Wien und Eudoxius Freiherr von Hormuzaki eine anerkennenswerthe Rührigkeit an den Tag gelegt. Besonders kostspielige Werke konnten bei den beschränkten Mittel nicht angeschafft werden. Erwähnenswerth sind jedoch nachstehende Anschaffungen jener Periode:

---

[1] Als Hefte wurden in der Landesbibliothek solche Schriften betrachtet, welche weniger als 100 Seiten hatten; es fallen aber in diese Kategorie auch Theile successiv erscheinender Werke, welche sich nachträglich durch den Einband auf Bände reduciren.

Geschichte der europäischen Staaten von Heeren und Uckert
(1851, 130 fl.), Gehler's Physikalisches Wörterbuch (1851, 70 fl.,
gegenwärtig allerdings veraltet), Oekonomische Encyklopädie von
Krünitz (1852, 129 Bände), Encyklopädie der Wissenschaften
von Ersch und Gruber (1852, 150 Thaler), das Bonner Corpus
scriptorum historiae Byzantinae (1853, 80 fl.), Encyclopédie
méthodique . . . par une société de gens de lettres, Paris 1782 ff.,
complet (1853, 300 fl.), Ritter's Erdkunde, complet (1852); ferner
die Opera collecta deutscher Classiker und Philosophen, sowie
grundlegende Werke historischer Darstellungen.

Da im Jahre 1861 an den Landesausschuss 5245 Stücke
übergeben wurden, so entfallen circa 3000 Bände, also der überwiegende Theil des Gesammteinlaufes auf Schenkungen.

Bedeutende Schenkungen sind der Landesbibliothek während
der ganzen Zeit ihres Bestandes nicht zugekommen. Es ist keine
grössere Bibliothek mit alten Beständen derselben einverleibt worden. Die Schenkungen der Privaten hatten vielmehr den Charakter,
dass sich der Einzelne dessen entledigte, was ihn in seiner Privat-
büchersammlung drückte. Trotzdem ist der rege Eifer, welcher an
den Tag gelegt wurde, nicht zu unterschätzen, da auch auf diesem
Wege manche werthvolle Bereicherung der Bibliothek erfolgte.

Es wäre zu weit führend, die Namen aller Derjenigen anzuführen, welche sich in dieser Richtung um die Landesbibliothek
verdient gemacht haben; doch verdienen wenigstens die bedeu-
tenderen Schenkungen nicht unerwähnt zu bleiben. Als solche
lassen sich an der Hand des Inventares folgende nachweisen:

Im Jahre 1851 schenkten: Dr. Alois Alth gegen 150 Bände,
Theol. prof. Constantin Popowicz 63 Bände, Archimandrit Philaret
Böndewski gegen 60 Bände, Frau Ruxanda von Zotta 54 Bände.

Im Jahre 1852: Der Pfarrkaplan Doroźewski 58 Bände; der
Strassencommissär Hibl 90 Hefte, H. Kamil 46 Bände, der damalige Leseverein 36 Bände, Karl von Mikuli 93 Bände, Ritter
von Przorad gegen 50 Bände.

Im Jahre 1853: Constantin Ritter von Hormuzaki 204 Bände
rumänischer Werke. [1]

---

[1] LAA. 1853 Nr. 4.

Im Jahre 1854 ff.: Anton Morgenbesser gegen 100 Bände, Georg Ritter von Kostin 64 Bände, Alexander Ritter von Kostin gegen 100 Bände. Ausserdem verpflichtete sich Letzterer, die Cotta'sche Ausgabe deutscher Classiker aus eigenen Mitteln zu beschaffen. [1]

Im Jahre 1856 ff.: Dr. Franz Herbich gegen 250 Bände medicinischen und naturwissenschaftlichen Inhaltes, Alexander Baron Mustazza gegen 50 Bände.

Im Jahre 1860: Tetzloff gegen 130 Bände, Kostin (Vorname?) gegen 50 Bände, E. A. Neubauer gegen 150 Bände, Leo von Isseczeskul 60 Bände.

Ausserdem kehren die Namen Otto Freiherr von Petrino, Alexander und Eudoxius von Hormuzaki fast alljährlich in der Liste der Geschenkgeber wieder.

Bemerkenswerth ist der Antheil, welchen die Buchhändler-welt an der Gründung der Landesbibliothek genommen hat. So stellte der Buchhändler W. Braumüller in Wien im Jahre 1851 seinen Verlag zur freien Auswahl der daraus gewünschten Werke zur Verfügung. Das Comité wählte 32 Bände, zu welchen noch in den folgenden Jahren einige Bände hinzukamen. Der Czerno-witzer Buchhändler E. Winiarz schenkte im Jahre 1852 64 Bände, die Lemberger Buchhändler Karl Wild, Johann Milikowski, Franz Piller, Kajetan Jabłoński über 100 Bände. An die Letzteren schlossen sich einige Gelehrte und Literaten Lembergs an, so der Universitäts-professor Jacob Glowacki mit 30 ruthenischen Schriften, Hippolyt Stupnicki, Johann Deszkiewicz und der Buchdrucker Peter Piller.

Im Jahre 1853 ist eine bedeutende Agitation zu Gunsten der Landesbibliothek in gewissen Kreisen Wiens bemerkbar, welche wohl mit der in diesem Jahre erfolgten Uebersiedlung der Professoren Dr. Ficker und Dr. Kolbe aus Czernowitz nach Wien zusammenhängen dürfte oder auch ganz den Be-mühungen des dort weilenden Eudoxius von Hormuzaki zuzu-schreiben ist, welcher die Zusendung der Bücher, „die mitunter von bedeutenden literarischen Notabilitäten herrühren", besorgte. [2]

---

[1] Sitzungsprotokoll vom 16. März 1856 LAA.
[2] Aus einem Briefe desselben LAA. 1853, Z. 21.

Abgesehen von Dr. Adolf Ficker, welcher in verschiedenen Jahren gegen 200 Bände schenkte, liefen im Jahre 1853 von nachstehenden in Wien lebenden Personen gegen 300 Bände ein:[1] Hofagent Johann von Dobran, Prof. Miklosich, Archivar Friedrich Firnhaber, Prof. A. Kunzek, Rosthorn, Archivar Kaltenbeck, Prof. Leopold Neumann, Prof. Dr. Romeo Seligmann, Staatsarchivsbeamter Rosenauer, Dr. Piwitzer, Rosthorn jun., Staatsarchivsbeamter F. Fidler, Ministerialsecretär C. Fidler. Stephanaki Wernaw, A. Papiu Ilarianu, Ranzoni jun., Ministerialconcipist Jos. Feil, Bibliothekscustos Th. Karajan, Director des Münz- und Antikencabinets Josef Arneth, Meyer von Grafenegg, Regierungsrath von Chmel, Wildner von Maithstein, Peter von Mocsony, Dr. Vincenz Manz von Mariensee.

Der Ministerialrath im Unterrichtsministerium Steinhauser schenkte im Jahre 1856 133 Bände, wobei Eudoxius von Hormuzaki wieder vermittelte.[2] Ausserdem kehren noch die Namen F. Fidler, Wildner von Maithstein, Miklosich, Mocsony, Kaltenbeck in den folgenden Jahren wieder und tauchen einzelne Namen neu auf.

Ueber Ansuchen des Comités sicherte die kaiserliche Akademie der Wissenschaften in Wien mit Schreiben vom 31. October 1853[3] die Zusendung ihrer Publicationen bereitwilligst zu.

Seit 1860 finden wir das k. k. Polizeiministerium alljährlich auf der Liste der Geschenkgeber.[4] Auch die Bukowinaer Landesregierung überliess im Jahre 1860 68 Bände.

Ein Ansuchen des Comités ddo. 7. April 1854 um Abgabe von Doubletten der k. k. Bibliotheken wurde unter Hinweis auf die Normen der für dieselben bestehenden Bibliotheksinstruction abschlägig beschieden.[5]

---

[1] Das Verzeichniss liegt obigem Briefe bei.

[2] I.AA. 1856 Nr. 29.

[3] Das. 1853 und 1856.

[4] In der Sitzung vom 5. December 1854 hat das Comité beschlossen. „sich an die oberste Polizeibehörde, welche über 20.000 Werke verschiedener Art zu vertheilen habe, wegen Erlangung einer Partie zu wenden". I.AA.

[5] Unterrichts-Ministerialerlass ddo. 22. Juli 1854, I.AA. 1854 Nr. 34.

Auch die Frage über die Berechtigung der Landesbibliothek zur Abnahme von Pflichtexemplaren, welche im Jahre 1852 von dem die Interessen der Landesbibliothek unermüdet fördernden Landeschef Henniger angeregt wurde, führte zu keinem positiven Resultate. [1]

Neben der Bibliothek wurde schon in dieser Periode in Folge einiger Schenkungen der Grund zu einem „Museum" gelegt. Dieses bestand in der folgenden Periode der Landesausschussverwaltung aus einer naturhistorischen, archäologischen und numismatischen Sammlung und wurde sowohl räumlich als auch administrativ von der Bibliothek gesondert gehalten. Im Jahre 1877 wurde es in Folge Landtagsbeschlusses vom 20. April der Universität überlassen und befinden sich einzelne Theile desselben unter Verwaltung der betreffenden Fachprofessoren. Die Münzsammlung bestand im Momente der Uebergabe aus 3233 Stücken.

4. Verwaltung, Organisation, Benützung.

Das Verwaltungscomité bestand nach § 5 der Statuten aus elf Mitgliedern, von welchen zwei die Stadt Czernowitz, fünf das übrige Land repräsentirten und vier aus dem Gremium der beiden damals bestehenden Czernowitzer Lehrkörper, des Gymnasiums und der theologischen Lehranstalt genommen wurden.

Bemerkenswerth ist die Bestimmung des § 6 der Statuten, welcher lautet: „Sobald eine juridische Lehranstalt in Czernowitz ins Leben tritt, nimmt das bestehende Comité eine neuerliche Wahl der vier zu ihm gehörigen Professoren mit Berücksichtigung aller drei sodann bestehenden Lehrkörper vor." [2]

Das Comité wählte aus seiner eigenen Mitte einen Vorsitzenden und dessen Stellvertreter, sowie zwei Geschäftsführer für den ökonomischen und den literarischen Theil seiner Aufgabe. — Mitglieder des Comités waren:

[1] Erlass des Ministeriums für Cultus und Unterricht vom 2. Dec. 1852 in den I.AA. 1852.

[2] Auch in dem am Eingange citirten Aufrufe des Baron Henniger heisst es: „Erst die jüngste Vergangenheit ... hat die Verbindung eines juridischen Studiums mit dem bereits bestehenden theologischen in Aussicht gestellt."

Johann Freiherr von Mustazza († 23. August 1852, erster Vorsitzender); der prov. Landeschef Adalbert Freiherr von Henniger (Stellvertreter des Vorsitzenden, dann Vorsitzender, in den Jahren 1851—53); Landesrath, dann Hofrath Jacob von Mikuli (seit 1852 Stellvertreter des Vorsitzenden, 1855—61 Vorsitzender); Alexander von Kostin (1851—54 ökonomischer Geschäftsführer, 1855—61 Stellvertreter des Vorsitzenden); Gymnasialprofessor Dr. Adolf Ficker (1851—53 literarischer Geschäftsführer); Med. Dr. Christoph von Petrowicz (1851 bis † 1860); Eudoxius von Hormuzaki (1851—61); der gegenwärtige Universitätsprof. in Krakau Dr. Alois Alth (1851—55); Gymnasialprof. Dr. Pöschl (1851—52); Theol. prof. Constantin Popowicz (1851—57); Gymnasialprof. Josef Kolbe (1851—53); Johann Freiherr von Mustazza jun. (1852—61); Alexander von Hormuzaki (1852—61); Gymnasialprof. Jacob Worobkiewicz (1852 bis † 1857); Gymnasialdirector Dr. Anton Kahlert (1853—60); Gymnasialprof. Wenzel Resl (1853—57); der pensionirte Regimentsarzt und bekannte Naturforscher Dr. Franz Herbich (1855—57); Gymnasialprof. Aaron Pumnul (1857—61); Gymnasialprof. Ernst Rudolf Neubauer (1858—61 literarischer Secretär); Landesgerichtsrath Leo Rackwicz (1858—61); Theol. prof. Johann Kalinczuk (1858—61); Theol. prof. Basil Mitrofanowicz (1858 bis 1859); Titus von Alth (1858—59); Otto Freiherr von Petrino (1860—61); Gymnasialprof. Heinrich von Lewinski (1860—61). [1]

Nach § 14 der Statuten vertraut das Comité die Beaufsichtigung der Büchersammlung „unter sorgfältiger Katalogisirung" derselben einem seiner Mitglieder an. Es ist gewiss, dass Dr. Adolf Ficker, dieser auch sonst so verdiente Förderer des Institutes, als erster literarischer Secretär auch die erste Organisation der Bibliothek entworfen hat. Wenigstens finden wir in dem von Dr. Ficker eigenhändig geschriebenen Inventare schon am Schlusse des ersten Verwaltungsjahres 1851 eine Classificirung der Bücher nach vierzehn Wissenschaftsclassen, wie dieselbe auch in dem weiteren Verlaufe der Organisation der Bibliothek in den Hauptprincipien bestehen blieb.

---

[1] Zusammengestellt nach den Jahresberichten und ergänzt aus den Sitzungsprotokollen in den I.AA.

Die Verdienste des ersten Organisators der Bibliothek wür-
digte das Comité dadurch, dass es in der Sitzung vom 16. März
1856 beschlossen hat, „das vorhandene Porträt Dr. Adolf Ficker's,
der das grösste Verdienst um die Begründung und Zusammenstellung der Bukowinaer Landesbibliothek sich erworben hat, zur
fortdauernden bleibenden Erinnerung in dem Bibliothekslocale
aufzuhängen". [1]

Neben Dr. Ficker hat Prof. Kolbe einen sehr regen Antheil
an den Katalogarbeiten genommen, wovon die vielen, von dessen
Hand stammenden, zierlichen Katalogzettel des noch vorhandenen
Nominal-Fachkataloges zeugen. Nach dem Abgange Ficker's führte
er kurze Zeit bis zu seiner Berufung nach Wien (25. Juli 1853)
das „Bibliothekariat", in welchem Amte demselben die Professoren
Worobkiewicz, [2] Resl, Neubauer nacheinander folgten. Auch die
Verdienste Dr. Alth's werden in einem an denselben gerichteten
Anerkennungsschreiben des Comités vom 24. December 1855
gerühmt.

Für den rumänischen Theil der Bibliothek waren bis 1857
Prof. Worobkiewicz und nach dessen Abgange Prof. Aaron
Pumnul thätig.

Die Aufstellung der Bücher war alphabetisch innerhalb der
einzelnen Fächer. Dieser Aufstellung entsprach ein alphabetischer
Nominal-Fachkatalog in Zettelform, welcher im Jahre 1864 durch
einen neuen gleichartigen Katalog ersetzt wurde und gegenwärtig
sich in dem Archive der k. k. Universitätsbibliothek befindet.
Ein Realkatalog, von welchem der Jahresbericht von 1857 Er-
wähnung macht, ist nicht vorhanden.

Für die Benützung der Bücher im Locale, sowie für die
Entlehnung derselben wurde schon im Gründungsjahre 1851
eine eigene Leseordnung abgefasst.

---

[1] J.AA. 1856. — Dieses Porträt, sowie jenes eines anderen Förderers
des Institutes, des Claviervirtuosen Karl v. Mikuli, befindet sich gegenwärtig
in der k. k. Universitätsbibliothek. Leider steht die künstlerische Ausführung
dieser Bilder weit hinter den Verdiensten zurück, welche sich beide Männer
um das Zustandekommen des Institutes erworben haben.

[2] Sitzungsprotokoll vom 31. Juli 1853, I.AA. 1865, Nr. 141.

Ein Auszug aus derselben, enthaltend die Bestimmungen bezüglich des Entlehnens der Bücher für den häuslichen Gebrauch, ist dem Jahresberichte für 1852 beigedruckt.

Das Lesen im Bibliothekslocale fand zweimal wöchentlich, Mittwoch und Samstag, von 3 bis 6 Uhr Nachmittags statt. Die Beaufsichtigung führten die Comitémitglieder, in der ersten Zeit die Professoren Ficker und Kolbe.

Der erste Lesetag war der 10. November 1852.[1] An diesem und den neun folgenden Lesetagen dieses Jahres wurden im Bibliothekslocale 471 Bände verabfolgt.

Ueber die Benützung der Bibliothek in der Periode 1853 bis 1860 liegen keine erschöpfenden statistischen Daten vor. Lese- und Ausleihjournale sind aus jener Zeit nicht vorhanden.

Aus den gedruckten Jahresberichten sind nachstehende Daten zu entnehmen, worin die Entlehnungen nach Hause und die Benützungen im Lesezimmer zusammengefasst sind:

Im Jahre:

1853 .		1185	Bände
1854 .	. .	1400	„
1855 .	. über	1000	„ (davon 679 entlehnt)
1856 .	. .	1172	„
1857 .	. .	794	„
1858 .		814	„
1859 .		712	„
1860 .		645	„ (bis 15. November).

Nach § 14 der Statuten sollte die Bibliothek „im k. k. Gymnasialgebäude, jedoch in eigenen Schränken, ohne Vermischung mit den Büchersammlungen des Gymnasiums und der theologischen Lehranstalt" untergebracht werden.

Die factische Aufstellung geschah aber in einem im Jahre 1852 von dem Landeschef Baron Henniger eingeräumten Locale „im Gebäude der k. k. Statthalterei".[2]

---

[1] Sitzungsprotokoll vom 21. November 1852, L.AA.
[2] Das. 29. Februar 1852.

Im Jahre 1853 wurde der Bibliothek über Veranlassung des Landespräsidenten Franz Schmück ein geeignetes Local „im ehemaligen Kreisamtsgebäude" angewiesen. [1]

Auch dieses musste bald geräumt werden und übersiedelte die Bibliothek am 15. Juli 1854 in ein gemiethetes Local in der Atlass'schen Realität (gegenwärtig Herrengasse Nr. 13). Eine neuerliche Uebersiedlung findet im Jahre 1859 statt, und zwar in die Dylewski'sche Realität (gegenwärtig Herrengasse Nr. 24), wo die Bibliothek bis zum 1. Mai 1875 verblieb.

Zweites Capitel.

Die Bukowinaer Landesbibliothek unter Verwaltung des Landesausschusses.

1861—1875.

1. Gebahrung mit dem Fonds.

Als im Jahre 1861 auf Grund der Bestimmungen der neuen Reichsverfassung der Bukowinaer Landesausschuss sich constituirte, trat der im § 2 der Statuten des Landesbibliotheken-Vereines vorhergesehene Fall ein und die Landesbibliothek überging in die Verwaltung des Landesausschusses.

Dieses Ereigniss war für die Geschichte der Bibliothek epochemachend. Erst jetzt konnte der Bestand derselben als gesichert betrachtet werden, indem einerseits die Bedeckung der zur Erhaltung der Anstalt erforderlichen Auslagen, deren Höhe die Zinsen des baar vorhandenen Vermögens weit übersteigen musste, gesichert, andererseits eine regelrechte Verwaltung der Bibliothek durch fachmännische Beamte zu gewärtigen war.

Nachdem der Landtag in seiner ersten Session vom 6. bis 22. April 1861 [2] den Landesausschuss beauftragt hatte, die Landes-

---

[1] Jahresbericht für 1853, S. 5.

[2] Protokoll über die vierte Sitzung des Bukowinaer Landtages, abgehalten am 15. April 1861: „Anträge wegen Uebergabe der der Verwaltung des Landesausschusses zustehenden Fonds und Anstalten". Stenographische Aufnahmen über die Debatten dieser Session sind nicht vorhanden.

bibliothek in eigene Verwaltung zu übernehmen, erfolgte die Uebernahme am 3. Juli 1861 und bestand das Landesbibliotheksvermögen in Nachstehendem: [1]

1. In dem durch Scarlat und Constantin Wernaw geschenkten Baugrunde Nr. top. 451 im Schätzungswerthe von 1732 fl. 50 kr.;

2. in Obligationen im Gesammtwerthe von 10.149 fl. 30 kr., wovon 6031 fl. 20 kr. auf den Baufonds und 4118 fl. 10 kr. auf den Bücherfonds entfielen, fälligen Zinsen und Coupons im Betrage von 216 fl. 51 kr. und Forderungen im Betrage von 4623 fl. 5 kr. Diese Forderungen rührten theils aus nicht eingezahlten jährlichen Subscriptionsbeiträgen, theils aus unverrechneten Vorschüssen, theils aus den im Jahre 1858 für den Baufonds gemachten Widmungsurkunden in dem zur Zeit der Uebernahme noch aushaftenden Gesammtbetrage von 2047 fl. 52 kr. ö. W.;

3. in Büchern, laut Inventars 4980 Bände und 1876 Hefte, im beiläufigen Werthe von 7000 fl.;

4. in Einrichtungsstücken, Gemälden und Karten im Werthe von 954 fl. 40 kr.;

5. in Musealobjecten im Werthe von 402 fl. Zusammen 25.077 fl. 76 kr.[2]

Als der Landesausschuss in der Sitzung vom 10. December 1861 den Act der Uebernahme bestätigte, fasste er gleichzeitig den Beschluss, die entsprechenden Ermahnungen ergehen zu lassen, um die unter 2. angeführten Forderungen einzubringen.[3]

Von den Jahresbeiträgen liefen jedoch bis Ende 1864 nur 167 fl. ein. Der Rest von circa 2000 fl. musste als uneinbringlich in Abrechnung gebracht werden.[1] Von den für den Bau-

---

[1] Stenographische Protokolle des Bukowinaer Landtages 1861, S. 203 ff., vgl. die Landes- und Amtszeitung „Bukowina", herausgeg. von E. R. Neubauer, I. 1862, Nr. 102. — Die Stenographischen Protokolle citiren wir von nun an mit St. Pr.

[2] Laut St. Pr. 1875, Anh. XII, S. 3, betrug das Bibliotheksvermögen „am 3. Juli 1861" 24.873 fl. 28 kr. Die Differenz in den Angaben ist nicht zu rectificiren, da das Original des Uebernahmsactes in den Acten des Landesausschusses unauffindbar ist.

[3] „Bukowina" Nr. 102.

[4] St. Pr. 1864, S. 204 (279 fl. 30 kr.) und 1865, S. 75 ff. (1624 fl. 30 kr.).

fonds gemachten Widmungen sind bis Ende 1864 1045 fl. ein-
gegangen.[1] Ein kleiner Nachtrag wird noch in den folgenden
Jahren nachgekommen, 850 fl. dürften uneinbringlich gewesen sein.[2]
Dagegen wurde der Bibliotheksfonds in den vier ersten Jahren
dieser Verwaltungsperiode noch durch neue Schenkungen und
Widmungen vermehrt. So hat die am 13. März 1862 zu Rogo-
żestie verstorbene Gutsbesitzerstochter Fräulein Aglae von Buchen-
thal die Bibliothek mit einem Legate von 3000 fl. in ihrer
letztwilligen Anordnung bedacht.[3] Ferner schenkte die Gemeinde
Muschenitza im Jahre 1863, vielleicht in Folge einer früher ein-
gegangenen Verpflichtung, eine Staatsschuldverschreibung von
100 fl.[4]

Ausser diesen Schenkungen liefen an freiwilligen Beiträgen
für die Bibliothek bis Ende 1863 297 fl.,[5] darunter von Christoph Jakubowicz im Jahre 1862 160 fl. ein.[6]

Dadurch, sowie auch durch den Umstand, dass die Zinsen
des Capitals nicht ganz verausgabt wurden, ist dieser Fonds
schon in den ersten Jahren der neuen Verwaltung zu einer
beträchtlichen Höhe angewachsen, doch hat er durch nachstehende
Complicationen seinen Charakter als Bibliotheksfonds allmählich
abgestreift.

Der Bukowinaer Landtag hatte nämlich in der Sitzung vom
16. März 1863 den Bau eines Bibliotheksgebäudes beschlossen.
Dieses Gebäude sollte jedoch solche Dimensionen haben, dass
in demselben auch der Landtag und eventuell auch der Kanzlei-
apparat desselben untergebracht werden könnte. Demzufolge
war auch für das zu errichtende Gebäude eventuell der Name
Landtags- und Bibliotheksgebäude in Aussicht genommen. Zu
dem Baue sollte das bewegliche und unbewegliche Bibliotheks-

---

[1] Daselbst.
[2] Sieben Schenkungsurkunden im Gesammtwerthe von 850 fl. erliegen
noch in dem Urkundendepot des Landesausschusses.
[3] Bericht des Bukow. Landesausschusses über dessen Gesammtthätigkeit
seit 1. Februar 1863, S. 3 (beigeb. d. St. Pr. 1864).
[4] St. Pr. 1865, S. 75 ff.
[5] St. Pr. 1864, S. 205.
[6] LAA. 1862, Nr. 5.

vermögen verwendet und auserdem noch ein in Annuitäten rückzahlbares Darlehen aufgenommen werden.[1]

Da jedoch der von Scarlat und Constantin Wernaw geschenkte Grund für einen solchen Bau nicht gross genug war, so fasste man den Plan, denselben mit Einwilligung des Schenkers gegen einen anderen umzutauschen. Dies geschah auch im Laufe des Jahres 1863 und wurde der Grund Nr. top. 566 (gegenwärtig Bischof Hackmanngasse Nr. 11) gegen Aufzahlung von 2800 fl. erworben.[2]

Auch dieser Grund erwies sich als unzweckmässig, daher wurde mit Kaufvertrag vom 9. April 1864 ein anderer (Nr. top. 569 und 570 und ein Theil 562, gegenwärtig griechisch-orientalische Oberrealschule) um den Betrag von 6000 fl. gekauft.[3]

Da der Bau auf diesem Grunde ebensowenig durchführbar war und die Verhandlungen wegen Abtretung einer der Commune gehörigen Parcelle am Kathedralplatze (gegenwärtig Franz Josefs-Park) gescheitert waren,[1] trat die Idee hervor, den Bauplan ganz aufzugeben und die der Angelika Freiin von Mustazza gehörige Realität Nr. top. 100, in welcher dermalen die erzbischöfliche Residenz und das gr.-or. Consistorium untergebracht waren, um den Preis von 55.000 fl. anzukaufen, dagegen die zwei dem Bibliotheksfonds gehörigen Gründe zu veräussern. Der Landtag genehmigte in der Sitzung vom 27. December 1866 den Kauf,[5] welcher im Jahre 1867 perfect wurde.[6]

Die Realität wurde mit ihrem Werthe von 55.000 fl. zu dem Bibliotheksfonds geschlagen und führt seitdem dieser Fonds, welcher in Folge der geschilderten Finanzoperationen mit Ende

---

[1] St. Pr. 1863, S. 348 ff., vgl. das. S. 119 u. 368.
[2] Das. 1864, S. 14.
[3] Das. S. 358. Die Identität der betreffenden Numm. topp. mit der heutigen Numerirung der Gründe wurde mittels der Repertorien der h. o. Landtafel hergestellt.
[4] St. Pr. 1865, S. 211, vgl. Bericht des Bukow. Landesausschusses über dessen Gesammtthätigkeit seit 1. März 1864, S. 17, beigeb. den St. Pr. 1865.
[5] St. Pr. 1866, S. 168, vgl. S. 29.
[6] Das. 1869, S. 135, vgl. das Präliminare f. 1868, St. Pr. 1868, S. 112, wo bereits die erste Annuitätsrate eingestellt ist.

des Jahres 1871 bis zur Höhe von 85.663 fl. 50 kr. angewachsen war, den Titel „Landhaus- und Bibliotheksbaufonds."[1]

Der Landtag und der Landesausschuss übersiedelten in das angekaufte Gebäude am 1. Mai 1874,[2] die Bibliothek jedoch erst am 1. Mai 1875, nachdem der mit einem Kostenaufwande von circa 13.000 fl. hergestellte Zubau beider Flügel vollendet worden war.[3]

Schon seit 1862 hatten „Bibliothek und Museum" in dem Landes- (nicht Bibliotheks-) Fonds ihr eigenes Präliminare.

Nur in den ersten vier Jahren 1862—65 wurden neben dem im Präliminare ausgeworfenen Fonds auch noch die Zinsen des Bibliotheksvermögens zur Bestreitung gewisser Bibliotheksauslagen (Bücheranschaffungen, Einrichtungsstücke, Katalogisirungen u. dgl.) in Anspruch genommen.[4]

Seitdem jedoch der „Bibliotheksfonds" sich in den „Landhaus- und Bibliotheksbaufonds" verwandelte, hörte die Inanspruchnahme desselben für currente Bibliotheksbedürfnisse auf und wurden nur solche Auslagen daraus bestritten, welche die Baufrage, beziehungsweise die Gebäudeerhaltung berührten.

Das Präliminare für „Bibliothek und Museen" war in den einzelnen Jahren folgendes:

1862[5]	1720 fl.	— kr.
1863	2600 „	— „
1864 (14monatl. Periode)	3050 „	— „
1865	2510 „	— „
1866 . . .	2662 „	— „ (ein ständiger Diurnist)
1867 . .	2662 „	— „ dto.

---

[1] Vgl. Anh. V, St. Pr. 1872, S. XIV.

[2] St. Pr. 1873, Anh. I, S. 3, und 1874, Anh. X, S. 3.

[3] Das. und 1875, Anh. I, S. 24.

[4] Bis Ende 1863 wurden aus diesem Fonds 1439 fl. 62 kr. verausgabt, St. Pr. 1864, S. 205; — im Jahre 1864 100 fl. 80 kr., das. 1865, S. 75 fl.; im Jahre 1865 ein Diurnum mit 360 fl., sonst keine Bibliotheksauslagen, das. 1866, S. 123.

[5] St. Pr. 1863, S. 332 ; 1864, S. 5 u. 163; 1865, S. 70; 1866, S. 29; 1868, S. 114 u. 119; 1869, S. 157; 1871, S. 213 u. 220; 1872, Beilage 2 zur Sitzung vom 7. Nov.; 1873, Anh. VI; 1874, Anh. VI.

1868	.	2725 fl. — kr.	(ein ständiger Diurnist
1869	. .	2692 „ 50 „	dto.
1870	. .	2892 „ 50 „	(excl. des in derselben Session
			systemisirt. Scriptorpostens)
1871	. .	3801 „ 94 „	(Gehalterhöhungen)
1872	. . .	4575 „ — „	(abermal. Gehalterhöhungen)
1873	. . .	4575 „ — „	
1874	. .	4575 „ — „	
1875	.	4025 „ — „	(Wegfall des Miethzinses).

Von diesen Summen waren für das Museum in den Jahren 1863—72 jährlich 200 fl., in den Jahren 1873—75 jährlich 100 fl. ausgeworfen, der Rest gehörte ausschlieslich in den Bibliotheks-Etat.

Für den Ankauf von Büchern und Einrichtungsstücken waren in den Jahren 1863, 1865, 1870—75 jährlich 1200 fl. in dem Jahre 1864 (14monatliche Periode) 1400 fl., in den Jahren 1866—69 jährlich 1000 fl., somit in der ganzen Periode 1863—75 15.000 fl. ausgeworfen.

Auserdem wurden im Jahre 1862 für Bücheranschaffungen 608 fl. 22 kr. ausgegeben[1] und in den Jahren 1862 bis 1864 neben dem Landesfonds auch noch der Bibliotheksfonds mit einer für diesen Zweck verausgabten Summe von 1099 fl. 65 kr. in Anspruch genommen.[2]

Da die Ersparnisse im Präliminare, wenn sie stattfanden, hauptsächlich der Rubrik für Bücheranschaffungen, als der einzigen, in welcher Einschränkungen möglich waren, zur Last fielen, aus dieser Rubrik auch hie und da Bücherschränke angeschafft wurden, so können wir annehmen, dass in der ganzen Periode der Verwaltung der Landesbibliothek durch den Landesausschuss in runder Summe 15.000 fl. für Bücheranschaffungen und Einbände verausgabt wurden.[3]

---

[1] St. Pr. 1861, S. 23.

[2] St. Pr. 1864, S. 203, und 1865, S. 76.

[3] Ganz vollständige Daten der factischen Ausgaben sind nicht nachweisbar. Eine Summirung, die wir nach den in den St. Pr. gedruckten Rechnungsabschlüssen des Landesausschusses und, wo uns dieselben im Stiche liessen.

2. Bücherbestand.

Bei der Uebernahme der Bibliothek durch den Landes-ausschuss war in dem vorgefundenen Inventar der Bücherbestand mit 4980 Bänden und 1876 Heften beziffert.

Bei der commissionellen Scontrirung reducirte sich obige Ziffer auf 4740 Bände 505 Hefte. Die Differenz beruhte theils auf der unvermeidlichen Incorrectheit bei der blossen Zählung nach dem Inventar, theils auf einem Abgange von 251 Bänden und 272 Heften aus der Periode der Comitéverwaltung.[1]

Durch Zusammenzählung der Bände und Hefte (Schriften von weniger als 100 Seiten) erhält man als factischen Total-bestand am Beginne der Landesausschussverwaltung 5245 Volumina. Nach der nach Vereinigung der Landesbibliothek mit der k. k. Universitätsbibliothek im Jänner 1876 vorgenommenen Zählung war der Totalbestand derselben am Schlusse der Landes-ausschussverwaltung 15.544 Volumina.

Es hat sich somit der Bücherstand der Landesbibliothek in der ganzen Periode 1861—75 um 10.299 Stücke vermehrt.

Davon wurden angekauft:

1861[2]	234 Bände	81 Hefte
1862 . . .	240 .,	27 „
1863	295 „	70 .,
1864 . . .	561 „	74 ,.

Fürtrag 1330 Bände 252 Hefte

nach den in den LAA. vorgefundenen Cassa-Anweisungen versucht haben, gibt für die Periode 1862—75 eine Gesammtsumme von 11.956 fl. 24 kr. für Bücherankäufe und 2041 fl. 22 kr. für Buchbinderarbeiten, zusammen 13.997 fl. 46 kr. Da die Präliminarien für 1863—75 (15.000 fl.), die factischen Auslagen vom Jahre 1862 (608 fl. 22 kr.) und die Ausgaben aus dem Biblio-theksfonds 1863—64 (1099 fl. 65 kr.) eine Gesammtsumme von 16.707 fl. 87 kr. geben, so würden auf Einrichtungsstücke und Ersparnisse 2710 fl. 41 kr. ent-fallen. Diese Summe scheint jedoch zu gross zu sein, daher anzunehmen ist, dass in den LAA. einzelne Cassa-Anweisungen fehlen.

[1] Gesammtbericht für 1861 — 1. August 1865, LBA.

[2] Bei den mit einem Sterne bezeichneten Jahren sind die betreffenden Daten den Jahresberichten entnommen (LBA.), die übrigen Ziffern mussten durch Zählung nach dem Inventare eruirt werden

		Uebertrag	1330	Bände	252	Hefte
1865			239	„	25	„
1866			421	„	54	„
1867			301	„	9	„
1868*	.		69	„	10	„
1869*			235	„	108	„
1870*	.		49	„	33	„
1871	.		182	„	51	„
1872*	.		702	„	146	„
1873*	.		133	„	40	„
1874*	.	.	133	„	21	„
1875	.	. .	31	„	29	„

Zusammen 3825 Bände 778 Hefte

Da von den Heften eine gewisse Partie durch den Einband sich auf Bände reducirt, so kann approximativ angenommen werden, dass in der fünfzehnjährigen Periode 1861—75 4500 Stücke durch Kauf erworben wurden, welche Berechnung mit der laut vorangehenden Absatzes verausgabten Totalsumme von circa 15.000 fl. übereinstimmt.

Es entfällt also auch in dieser Periode der überwiegende Theil des Büchereinlaufes (nahezu 6000 Volumina) auf Bücherschenkungen.

Die zwei bedeutendsten Schenkungen, welche der Landesbibliothek überhaupt zukamen, waren jene aus dem Nachlasse des gewesenen Landeshauptmannes der Bukowina, des auch als Geschichtsforscher bekannten Eudoxius Freiherrn von Hormuzaki. und jene aus dem Nachlasse des Freiherrn Alexander von Mustazza.

Beide Schenkungen liefen erst gegen Ende des Bestandes der Bibliothek ein, und zwar die erstere am Schlusse des Jahres 1874, die zweite im Laufe des Jahres 1875. Die Hormuzaki'sche Schenkung (1226 Volumina) war reich an historischen Werken, besonders mit Bezug auf die Geschichte der Moldau und Walachei, die Mustazza'sche (594 Volumina) reich an Werken botanischen und mineralogischen Inhaltes.

Numerisch bedeutender als diese zwei Schenkungen waren die alljährlich wiederkehrenden Schenkungen der Bibliothek des

k. k. Polizeiministeriums (auch Bibliothek des Ministeriums für Landesvertheidigung und öffentliche Sicherheit), bestehend aus ausgeschiedenen Pflichtexemplaren, welche dieser Bibliothek aus der ganzen Monarchie zukamen. Auf diesem Wege erhielt die Bibliothek in einer sechzehnjährigen Periode (1860—75) gegen 2000 Volumina.

Ausserdem schickten die k. k. Akademie der Wissenschaften in Wien und die k. k. Direction für administrative Statistik (später statistische Centralcommission) ihre periodischen Publicationen alljährig zu.

Das k. k. Finanzministerium überliess im Jahre 1861 30 Bände, die k. k. Schulbücher-Verlagsdirection 1870 22 Bände, das Czernowitzer Polizeicommissariat im Jahre 1866 190 Stück Czernowitzer Drucke, zum grossen Theil Hebraica aus den Jahren 1850—66. Der Landesausschuss von Böhmen überliess die Quellenpublication Archiv český und das Geschichtswerk von Palacký.

In Folge einer von dem Landesausschusse an sämmtliche österreichische Universitäten gerichteten Bitte ddo. 30. August 1863 um Schenkung solcher Werke, welche Universitätsprofessoren zu Verfassern haben,[1] liefen von den akademischen Senaten der Universitäten Wien, Prag, Krakau, Graz und Pest gegen 200 Stücke ein, worunter 35 Stücke von der Universität Krakau, 25 Stücke von Graz, 130 Stücke aus Pest.

Von Schenkungen der Privaten sind zu erwähnen: im Jahre 1861 vom Landesausschussmitgliede Jacob Ritter von Simonowicz gegen 500 Volumina deutscher und ausländischer Classiker; von dem Hofrathe Dr. Karl Hillbricht in den Jahren 1861 und 1871 über 100 Bände; von dem Postofficial Nitecki im Jahre 1862 33 Bände; von dem Buchbinder Karl Wohlfeil in den Jahren 1864—73 gegen 150 Stücke, darunter ein Schrämblischer Atlas und eine Broschürensammlung aus dem Jahre 1848; von dem Archimandriten Theophil Bendella, welcher auch in der Periode der Comitéverwaltung einige Werke schenkte, im Jahre 1864 89 Stücke; von dem pens. Bezirksvorsteher Anton Knisch

---

[1] LAA. 1865. Nr. 844, vgl. Bericht des Landesausschusses über dessen Gesammtthätigkeit seit 1. Februar 1863, S. 4 (St. Pr. 1864).

in den Jahren 1864 und 1866 circa 150 Bände; aus dem Nachlasse von Jacob von Petrowicz im Jahre 1870 67 Werke in
28 Bänden und 116 Heften; aus dem Nachlasse von Alois
Oderski im Jahre 1873 81 Stücke; von Demeter Ritter von
Popowicz in den Jahren 1867, 1872 ff. 60 Bände (darunter
eine Serie der Zeitschrift Globus); von Dr. Alexander Zotta in
den Jahren 1873 und 1874 96 Bände u. s. w.[1]

3. Verwaltung, Organisation, Benützung.

Der Landtag systemisirte in den Sitzungen vom 15. und
16. April 1861 einen Custosposten mit dem jährlichen Gehalte
von 400 fl.,[2] worauf mit Beschluss des Landesausschusses vom
9. October d. J. der absolvirte Theologiehörer und gegenwärtige Universitätsprofessor Eusebius Popowicz zum Custos der
Landesbibliothek ernannt wurde.[3]

Bei einem unzureichenden, meist bloss temporär bewilligten
Hilfspersonale hat dieser erste fachmännische Beamte der Bibliothek mit unermüdetem Fleisse die Neugestaltung derselben in
mustergiltiger Weise durchgeführt.

Das System der Aufstellung wurde im Ganzen behalten,
musste jedoch im Einzelnen vielfach corrigirt und erweitert
werden. Während die ursprüngliche Organisation der Bibliothek
nur 14 Wissenschaftsclassen hatte und diese Eintheilung bis
zur Uebergabe an den Landesausschuss unverändert geblieben
war, finden wir bereits am Schlusse des Jahres 1864, also nach
ungefähr dreijähriger Organisationsarbeit, die Bibliothek in 40
Fächer eingetheilt, welche Zahl sich bis 1869 durch weitere
Einschaltungen auf 43 vermehrte,[4] eine Organisation, welche
eine Umstellung grosser Partien der Bibliothek bedingte, und

---

[1] Sämmtliche Angaben sind theils dem Inventar, theils den Jahresberichten entnommen.
[2] St. Pr. 1870, S. 40.
[3] „Bukowina" 1862, Nr. 93.
[4] Und zwar laut Inventars: 1. Encyklopädie, 2. *Theologie, 3. *Philosophie, 4. *Rechts- und Staatswissenschaften, 5. *Medicin, 6. *Kriegswissen-
schaft, 7. *Oekonomie, 8. *Bau- und Ingenieurwissenschaft, 9. *Technologie,
10. *Handels- und Verkehrswissenschaft, 11. *Unterrichts- und Erziehungs-

welche bis zum Ende des Bestandes der Landesbibliothek unverändert bestehen blieb. Custos Popowicz kann somit als der Schöpfer derjenigen Organisation der Bibliothek betrachtet werden, welche dieselbe in dem Momente der Uebergabe an die Universitätsbibliothek hatte.

Innerhalb eines jeden dieser 43 Fächer waren die Bücher, wie dies auch in der früheren Periode der Fall war, alphabetisch aufgestellt und wurde der Zuwachs eventuell durch Anwendung der Bruchform in den Signaturen eingeschaltet.

Die Erweiterung des Systems, sowie die Mangelhaftigkeit des von der Comitéverwaltung übernommenen, mit der Aufstellung correspondirenden Nominal-Fachkataloges erforderte eine vollständige Neubearbeitung desselben, welche auch bis 1865 durchgeführt wurde. [1]

Die damals beabsichtigte Drucklegung dieses Kataloges ist wahrscheinlich aus finanziellen Gründen unterblieben. [2]

Ausser dem Nominal-Fachkataloge wurde von Custos Popowicz auch ein Real-Fachkatalog, und zwar zunächst in Buchform angelegt. [3] Da sich jedoch die Unzweckmässigkeit dieser Form bald herausstellte, wurde derselbe in Zettelform neu angelegt und bis 1870 ungefähr über zwei Drittheile der Bibliothek in Stand gesetzt. [4]

---

wissenschaft, 12. *Bibliologie, 13. *Mathematik, 14. *Naturwissenschaft, 15. *Geographie und Statistik, 16. Geschichte, 17. Geographische und historische Kartenwerke, 18. *Literärwissenschaft, 19. *Sprachwissenschaft, 20. *Stylistik, 21. *Schöne Kunst, 22—35. Classische und belletristische Literatur mit 14 Unterabtheilungen, wovon drei in den Jahren 1865 und 1866 eingeschaltet wurden; 36. Jugend- und Volksschriften, 37. Journale, 38. Tages- und Gelegenheitsbroschüren, 39. *Kunstfertigkeiten und Spiele (1869 eingeschaltet), 40. Miscellanea, 41. Rumänische Gesammtliteratur, 42. Ruthenische Gesammtliteratur, 43. Bucovinensia.

[1] Jahresbericht für 1861 — 1. August 1865, I.BA.

[2] Das. Fasc. III, Nr. 3 u. 4 und Fasc. I, Nr. 3.

[3] I.BA. Fasc. III. Nr. 3. Dieser dreibändige Katalog befindet sich noch in dem Archive der Universitätsbibliothek.

[4] Und zwar über diejenigen Fächer, welche in Anmerkung [4] der vorhergehenden Seite mit einem Sternchen versehen sind. Seit dem Jahre 1871 wurde wohl an der Fortsetzung dieses Kataloges gearbeitet, es wurden jedoch keine neuen Fächer in Stand gesetzt.

Das Princip dieses Kataloges war die alphabetische Anordnung der Zettel nach gewissen dem Inhalte entnommenen
Realwörtern, deren schematische Uebersicht jedem Fache vor-
angesetzt wurde.

Beide in jeder Beziehung correct geführte Kataloge befinden
sich gegenwärtig in dem Archive der Universitätsbibliothek.

Zu den von Custos Popowicz durchgeführten Organisationsarbeiten gehören ferner:[1]

1. Die Eruirung und Wiedereinbringung einer ganzen
Reihe von Werken, welche in den letzten Jahren der Comitéverwaltung ohne Vormerkung hinausgegeben worden waren.[2]

2. Die Revision und Berichtigung des Bücherinventars gelegentlich der im Jahre 1863 vorgenommenen Scontrirung der
Bibliothek.

3. Die Reduction des von der früheren Verwaltung übernommenen Standes ungebundener Bücher auf ein Minimum.
2929 Bände wurden bis 1865 eingebunden.

4. Die Verfassung eines Kataloges der Doubletten und der
opera incompleta.

5. Ein mit grosser Mühewaltung hergestellter vollständiger
Ausweis der in der Bibliothek aufgestellten unvollständigen
Werke.[3]

Das Personale, welches dem Custos Popowicz am Beginne
seiner Amtsthätigkeit zu Gebote stand, war ein Kanzlist des
Landesausschusses „zur Aushilfe während der Lesestunden und
und für grössere Schreibgeschäfte".[4] Später erschien die Aufnahme eines Diurnisten nothwendig, es wurden jedoch darauf bis
Ende 1863 im Ganzen nur 141 fl. 66 kr. verausgabt.[5] Im Jahre
1864 war ein Diurnist durch 285 Tage beschäftigt, seit 1865 ist
ein ständiges Diurnum in das Präliminare aufgenommen worden.[6]

---

[1] Jahresbericht für 1861 — 1. August 1865 w. o.
[2] Ein (wiederholter) öffentlicher Aufruf vom 7. Februar 1863 zur Zu-
rückstellung entlehnter Bücher befindet sich in den LAA. 1863, Nr. 96.
[3] Dieser Ausweis befindet sich noch in den LBA.
[4] LBA. Fasc. I, Nr. 1.
[5] St. Pr. 1864, S. 205.
[6] Das. 1865, S. 75 ff., vgl. das Präliminare für 1866, das. S. 70.

In der Sitzung des Landtages vom 28. October 1869 wurde ein Scriptorsposten mit dem Jahresgehalte von 500 fl. systemisirt[1] und erfolgte die Besetzung mit Decret von 13. December desselben Jahres.[2]

Nachdem Custos Popowicz am 20. September 1869 und wiederholt am 14. Februar 1870 seine Resignation eingereicht hatte,[3] wurde mit Decret vom 23. Februar 1871 der damalige Lehrsupplent und gegenwärtige Universitätsprofessor Johann Sbiera zum Custos ernannt[4] und fand die Uebergabe der Bibliothek vom 1. April bis 16. Juni 1871 statt.[5] Der neue Custosposten war mit einem Jahresgehalte von 800 fl. systemisirt und fanden seither wiederholte Regulirungen der Gehalte der Bibliotheksbeamten statt.[6]

Die Stellung des Custos war eine viel beschränktere, als dies in mancher Beziehung für das Gedeihen der Anstalt erforderlich gewesen wäre. Derselbe war nicht berechtigt, Bücher nach eigenem Ermessen anzukaufen, ausgenommen Completirungen und Continuanden.[7] Auch durfte er keine Schenkungen, auch nicht solche einzelner Bücher, annehmen, sondern hatte darüber allsogleich dem Landesausschusse zu berichten.[8]

Die Verausgabung des für Bücheranschaffungen und Buchbinderarbeiten ausgeworfenen Fonds stand nicht dem Custos zu, sondern es lag die gesammte Geldgebahrung dem Landesausschusse ob.

Ueber Anschaffungen entschied eine Enquêtecommission,[9] welche aus literarisch hervorragenden oder in Folge ihres Berufes massgebenden Persönlichkeiten zusammengesetzt wurde.

---

[1] Das. 1869, S. 370.
[2] LBA. Fasc. XI.
[3] Das. Fasc. III, Nr. 12.
[4] Das. Fasc. XI.
[5] Das. Fasc. VII.
[6] St. Pr. 1870, S. 40 ff., 43, 70, 84, 90; 1871, S. 116 ff., 122, 132; 1875, S. 105.
[7] LBA. Fasc. I, Nr. 16.
[8] Das. Nr. 17.
[9] St. Pr. 1873, Anh. I, S. 8; 1874, Anh. X, S. 7.

Zu der im Jahre 1874 eingesetzten Enquêtecommission wurden eingeladen: [1] Otto Freiherr von Petrinó, Dr. Constantin Tomaszczuk, Gymnasialdirector Stephan Wolf, Gewerbeschuldirector Johann Wessely, Landesadvocat Dr. Alexander Zotta und Landesausschuss-Secretär Anton Zachar.

Eine „Instruction für die Geschäftsbehandlung der Bibliotheksangelegenheiten" liegt in einem vom Bibliotheksreferenten, dem Landesausschussmitgliede Rudolf von Ferro, verfassten Entwurfe ddo. Jänner 1870, in den Landesausschuss-Acten vor,[2] doch hat dieser Entwurf keine praktische Bedeutung erlangt.

Die Benützung der Bibliothek war in der Periode der Landesausschussverwaltung in vielfacher Beziehung eine ausgedehntere, als in der ersten Periode.

Auf Grund einer neuen Leseordnung[3] wurden bereits im Jahre 1861 die Lesetage von den bisherigen zweimal wöchentlich auf dreimal wöchentlich (Dienstag, Donnerstag, Samstag von 3—7 Uhr Nachmittags) erweitert. Im Jahre 1866/67 hat Custos Popowicz aus freiem Antriebe die Lesestunden auf alle Werktage von 3—6 Uhr Nachmittags erweitert, welche Aenderung vom Landesausschusse anerkennend genehmigt wurde.[4]

Hinsichtlich der Entlehnung der Bücher wurden im Jahre 1868 die bisherigen Bestimmungen dahin abgeändert, dass auch Entlehnungen ohne Caution zulässig wurden. Dieser Begünstigung wurden theilhaftig: Die Lehrer und Professoren öffentlicher Anstalten, die Mitglieder und Conceptsbeamten des Landesausschusses, der Bibliothekcustos und diejenigen Personen, welche vom jeweiligen Leiter des Landesausschusses die Bewilligung hiezu erhielten.[5]

---

[1] I.BA. Fasc. I, Nr. 18, vgl. LAA. 1875, Nr. 318, Enquête-Commissionssitzung vom 4. October 1873.

[2] (Fasc. XVII) 1870, Nr. 999.

[3] Ein gedrucktes Exemplar dieser Leseordnung befindet sich in den I.BA., vgl. I.BA. Fasc. I, Nr. 1.

[4] I.BA., Jahresbericht für 1866/67 und Erledigung desselben.

[5] Das. Fasc. I, Nr. 5.

3

In Folge dieser Neuerungen ist im Jahre 1868 eine neuerliche Redaction der Leseordnung nothwendig geworden.[1]

Ueber die Benützung im Lesesaale wurde ein fortlaufendes Lesejournal geführt,[2] in welches jeder Leser seinen Namen und den Titel des benützten Werkes einzutragen hatte.

Die hier folgende den Jahresberichten entnommene[3] Statistik der Benützung erhebt also den Anspruch auf vollständige Genauigkeit:

Im Jahre	Benützung im Lese-locale		Entlehnungen		Zu-sammen Zahl der Bände
	Fälle	Zahl der Bände	Individuen	Zahl der Bände	
1861—1862	742	1484	64	1094	2578
1863	1419	2838	77	1286	4124
1864	867	1734	87	1508	3242
1865	1132	2264	98	2236	4500
1866	1353	2706	96	1804	4510
1867	2396	4792	112	2562	7354
1868	4246	8492	111	2599	11091
1869	4518	9036	92	2540	11576
1870	3646	7292	120	2182	9474
1871	3712	6974	78	2152	8196
1872	5232	7729	?	1554	9283
1873	4912	7938	?	1625	9563
1874	5638	8494	98	1202	9696

[1] Zwei lithographirte Exemplare dieser Redaction befinden sich in den I.BA.

[2] Die Lesejournale befinden sich gegenwärtig in dem Archive der k. k. Universitätsbibliothek.

[3] Die Angaben für das Jahr 1871 beruhen auf den stenographischen Protokollen 1872, Anh. I, da für dieses Jahr kein Jahresbericht erstattet wurde. — Im Jahre 1875 wurde die Bibliothek bereits am 15. Februar wegen bevorstehender Uebersiedlung geschlossen. I.BA., Fasc. VII, Nr. 11.

Zweiter Abschnitt.

Die k. k. Universitätsbibliothek.

1. Gründungsgeschichte.[1]

Als letzter Anlass zur Gründung der Universität Czernowitz ist die mit Allerhöchster Entschliessung vom 4. Juli 1871[2] erfolgte vollständige Polonisirung der Universität Lemberg zu betrachten.

Die Wünsche des Landes, welche in einer ganzen Reihe von Petitionen ihren Ausdruck fanden, sind jedoch älteren Datums.

Nachdem schon im Jahre 1868 im Bukowinaer Landtage die Frage der Errichtung einer Rechtsakademie in Czernowitz in Antrag gebracht worden war,[3] hat der Czernowitzer Gemeinderath in der Sitzung vom 9. December 1869 den Beschluss gefasst, sich an die Regierung mit der Bitte wegen Errichtung einer Universität in Czernowitz zu wenden.[4]

---

[1] Ueber die Gründung der Universität Czernowitz handeln: Jahresbericht des k. k. Ministeriums für Cultus und Unterricht für 1875, Wien 1876, S. 92 ff.; Lemayer, Die Verwaltung der österreichischen Hochschulen von 1868—77, Wien 1878, S. 120 ff., vgl. 116 ff; Die Landesfeier der hundertjährigen Vereinigung des Herzogthums Bukowina mit dem österreichischen Kaiserstaate und der Eröffnung der k. k. Franz Josefs-Universität in Czernowitz am 4. October 1875. Czernowitz 1876, S. 61 ff.

[2] Lemayer a. a. O , S. 139.

[3] St. Pr. des Bukow. Landtages 1868, S. 186: Antrag Pompe's; Ablehnung des Antrages, S. 209.

[4] Das. 1873, S. 44.

3*

Diesem Beschlusse folgte die Czernowitzer Handelskammer in ihrem Berichte vom April 1872[1] und der Bukowinaer Landtag in der Sitzung vom 9. December 1872. Letzterer hat entsprechend dem Antrage des Abgeordneten Tomaszczuk eine Resolution beschlossen, durch welche die Regierung „dringend" angegangen wurde, „mit möglichster Beschleunigung eine Universität in Czernowitz zu gründen"[2]. Eine an den Landtag gerichtete Bitte der Stadt Suczawa wurde gleichzeitig mit dieser Resolution an die Regierung geleitet.[3] Die Angelegenheit wurde in der Sitzung vom 22. December des folgenden Jahres (1873) von dem Landtagsabgeordneten von Kochanowski und Genossen in der Form einer Interpellation neuerdings in Anregung gebracht,[4] worauf der Bukowinaer Landesausschuss am 4. October 1874 ein neuerliches Memorandum in dieser Angelegenheit an den Unterrichtsminister übersandte.[5] Endlich hat auch der Verwaltungsausschuss der Gesellschaft zur Förderung und Verbreitung der wissenschaftlichen Bildung in der Bukowina eine Petition an den Reichsrath gerichtet, welche in der Sitzung vom 4. December 1874 von dem Abgeordneten Tomaszczuk eingebracht wurde.[6]

Diese allseitige Rührigkeit in der Bukowina hängt wohl auch mit dem Umstande zusammen, dass zu jener Zeit, „wo eine allgemeine wirthschaftliche Prosperität angebrochen zu sein schien und auch der Staat sich leichter zu neuen Ausgaben verstand", auch an anderen Orten der Monarchie eine besonders lebhafte Agitation wegen Gründung neuer Universitäten sich erhob, und dass auch der Reichstag sich mit diesem Gedanken öfters beschäftigte.[7]

Nach mehreren vorangegangenen Resolutionen hat das Abgeordnetenhaus in der Sitzung vom 26. März 1874 die Regierung

---

[1] Hauptbericht und Statistik über das Herzogthum Bukowina für die Periode 1862—71. Lemberg 1872, S. 33.

[2] St. Pr. des Bukow. Landtages 1072, S. 56 u. 275 ff.

[3] Das. 1873, S. 44.

[4] Daselbst.

[5] Landesfeier w. o., S. 68.

[6] St. Pr. des Abgeordnetenhauses, VIII. Session, 3. Bd., S. 3004.

[7] Lemayer a. a. O., S. 108.

ganz allgemein eingeladen, „in der nächsten Session Vorschläge
über die Gründung einer neuen Universität zu erstatten",[1] bei
welchem Anlasse der Abgeordnete Tomaszczuk der Regierung
empfahl, bei der Gründung der neuen Universität die Bukowina, und zwar Czernowitz, besonders zu berücksichtigen.[2]

Am 26. November 1874 unterbreitete der Unterrichtsminister
Karl von Stremayr Sr. Majestät den allerunterthänigsten Vortrag[3] auf Gründung einer Universität in Czernowitz, worauf
die Allerhöchste Entschliessung vom 7. December erfolgte.
Schon in der Sitzung vom 9. December wurde diese Allerhöchste Entschliessung dem Abgeordnetenhause mitgetheilt
und die zur Ausführung derselben vorbereiteten Vorlagen an-
gekündigt.[4]

Die Einbringung selbst erfolgte am 27. Jänner und am
3. Februar 1875, worauf die Gesetzentwürfe vom Abgeordnetenhause am 13. März und vom Herrenhause am 20. März zum
Beschlusse erhoben wurden.[5]

Der Gründungsact wurde mittels Stiftungsurkunde[6] ddo.
Schönbrunn am 30. September 1875 vollzogen, worauf die feierliche Eröffnung der Universität am Namenstage Sr. Majestät
des Kaisers erfolgte.

Hinsichtlich der zu gründenden Universitätsbibliothek hat
die Regierung in dem Motivenberichte zu der im Abgeordnetenhause eingebrachten Creditforderung die bestimmte Erwartung
ausgesprochen, „dass das Land die vorhandene, über 12.000 Bände
zählende Landesbibliothek der Universiät überlassen wird".[7]

---

[1] Das. 2. Bd., S. 1464.
[2] Das. S. 1454 ff.
[3] Der Vortrag selbst ist im Auszuge in dem Jahresberichte des k. k. Ministeriums für Cultus und Unterricht für 1874, Wien 1875, Anh. B, S. XIX
bis XXX abgedruckt.
[4] St. Pr. des Abgeordnetenhauses w. o., S. 3186.
[5] Das. 3. Bd., S. 3186; 4. Bd., S. 3698 (282 der Beilagen) und S. 3790
(288 der Beilagen). Erste Lesungen S. 3770 u. 3879. Debatten S. 4503—29.
St. Pr. des Herrenhauses, VIII. Session, 1. Bd., S. 577. (Beilagen 180, 181 u. 189.)
[6] Vollständig abgedruckt in Lemayer a. a. O., S. 130, und Jahresbericht
des Min. f. Cultus u. Unterricht für 1875, S. III.
[7] St. Pr. des Abgeordnetenhauses, VIII. Session, Beilage-Bd. 1, Nr. 288.

Mit Bezug darauf hat auch der Budgetausschuss des Abgeordnetenhauses in dem Berichte vom 16. Februar 1875
erklärt: „Erfüllt sich diese Erwartung, woran man nicht zweifeln
darf, dann ist der künftigen Universitätsbibliothek ein höchst
ansehnlicher Grundstock gegeben".[1]

Diesen ausgesprochenen Wünschen gemäss hat das k. k.
Bukowinaer Landespräsidium mit dem Schreiben vom 7. April
1875, Z. 286, an den Landesausschuss das Ersuchen gestellt,
bei dem Landtage zu befürworten und zu erwirken:

1. Dass die Landesbibliothek der Universität Czernowitz
überlassen, und

2. dass die Benützung der zur Unterbringung der Landesbibliothek gewidmeten Räumlichkeiten auf die Dauer der nächsten
zwei bis drei Jahre für die Zwecke der Universitätsbibliothek
zugestanden werde.[2]

Der Landesausschuss ist in dem Berichte vom 24. April
1875 diesen Wünschen der Regierung beigetreten und hat der
Landtag in der Sitzung vom 12. Mai 1875 die Anträge des
Landesausschusses vollinhaltlich zum Beschlusse erhoben.[3]

Die von dem Landtage genehmigten Anträge des Landesausschusses waren folgende:

1. Die Landesbibliothek mit ihrem gegenwärtigen Bücherbestande und Einrichtungsstücken wird an die k. k. Universität
in Czernowitz unentgeltlich unter der Bedingung überlassen,
dass die Benützung der Bibliothek sowohl dem gebildeten Publicum, als auch den hierortigen Lehranstalten mit Beachtung der
bestehenden Reglements zugestanden wird.

2. Die derzeit zur Unterbringung der Landesbibliothek im
Landhause gewidmeten Räumlichkeiten werden zur Benützung
für die Universitätsbibliothek auf die Dauer der nächsten zwei
bis drei Jahre, d. i. bis Ende September 1877, eventuell 1878,
zinsfrei überlassen.

---

[1] Das. Nr. 319.
[2] LAA., Fasc. XVII, Nr. 2673 ex 1875.
[3] Anhang XII zu den St. Pr. des Bukow. Landtages für 1875 vgl. das
St. Pr. der Sitzung vom 12. Mai, S. 94.

3. Wird der Wunsch ausgesprochen, die k. k. Regierung wolle die Angestellten der Landesbibliothek, insoferne sie ihre Qualification nachweisen, im Staatsdienste unterbringen.

4. Der Landesausschuss wird beauftragt, hiernach mit der k. k. Regierung in Verhandlung zu treten und das Uebereinkommen mit ihr abzuschliessen, sowie für den Beschluss der Ziffer 1 die Allerhöchste Bewilligung zu erbitten.

5. Der Landesausschuss wird ermächtigt, von den in der Landesbibliothek vorhandenen Doubletten die geeigneten Werke den Bezirkslehrerbibliotheken in der Bukowina zuzuwenden.

Nachdem die Ueberlassung der Landesbibliothek an die zu gründende Universitätsbibliothek mit Allerhöchster Entschliessung vom 26. August 1875 genehmigt worden war,[1] wurde in Gemässheit des Absatzes 4 des obigen Landtagsbeschlusses am 30. November ein Uebereinkommen[2] zwischen der k. k. Staatsverwaltung und dem Landesausschusse abgeschlossen, worauf die factische Uebergabe der Landesbibliothek am 17. December in Angriff genommen und der Uebernahmsact am 22. December von den beiderseitigen Functionären unterzeichnet wurde.

Nach der im Jänner 1876 nach den Katalogen, beziehungsweise Verzeichnissen, vorgenommenen Zählung war der Bücherbestand der Landesbibliothek folgender:

1. Nach dem Nominal-Fachkataloge (zugleich Standortskatalog) 10.408 Bände, 3143 Hefte, zusammen 13.551 Volumina;

2. die in diesen Katalog noch nicht aufgenommene, jedoch zum grössten Theile bereits inventarisirte Hormuzaki'sche Schenkung, 963 Bände, 263 Hefte, zusammen 1226 Volumina;

3. die in den Nominal-Fachkatalog gleichfalls noch nicht aufgenommene und auch noch nicht inventarisirte Mustazza'sche Schenkung, 466 Bände, 128 Hefte, zusammen 594 Volumina;

4. die in dem Jahre 1875 bis Nr. 103 inventarisirten, in den Nominal-Fachkatalog noch nicht aufgenommenen Werke: 88 Bände, 85 Hefte, zusammen 173 Volumina.

---

[1] LAA. Fasc. XVII, Nr. 2673 ex 1875.
[2] Vollständig abgedruckt in Beilage B zum Anh. I der St. Pr. des Bukow. Landtages 1876 und in Grassauer's Handbuch für österr. Universitäts- und Studienbibliotheken, Wien 1883, S. 298 ff.

Der Totalbestand der Bibliothek in dem Momente der Uebergabe bezifferte sich somit auf 11.925 Bände und 3619 Hefte, zusammen 15.544 Volumina.

War in dieser Weise mit der Schenkung der Landesbibliothek für die zu gründende Universitätsbibliothek ein recht ansehnlicher Anfang gewonnen, so musste doch die Hauptsache aus Staatsmitteln beschafft werden.

Zu diesem Zwecke wurde in dem schon mehrfach erwähnten Motivenberichte des Unterrichtsministeriums ein auf ungefähr zehn Jahre zu vertheilender Credit von 80.000 fl. in Aussicht genommen, wovon im Extraordinarium für 1875 sofort ein Betrag von 20.000 fl. eingestellt wurde.

Es lag nämlich in dem Plane der Regierung, schon für den Moment der Eröffnung der Universität einen Bücherbestand von „circa 20- bis 30.000 Werken" zu construiren.[1]

Dieser Plan ist denn auch in Erfüllung gegangen, indem die Bibliothek am Schlusse des Jahres 1875 inclusive der Landesbibliothek und des auf 3658 Volumina sich beziffernden sonstigen unentgeltlichen Einlaufes im Ganzen 31.306 Volumina zählte. Darunter wurden 12.257 Bände käuflich erworben.

Ein besonders werthvoller Erwerb war der Ankauf der juristischen Bibliothek des Professors Paul von Roth in München (8291 Volumina), welche vornehmlich im deutschen Rechte und den verwandten juristischen Disciplinen überaus reichhaltig war.

Ausser der Roth'schen Bibliothek wurden im Gründungsjahre 1875 mehrere kleinere Bibliotheken angekauft, und zwar: Aus dem Nachlasse des Gymnasialdirectors in Linz, Vielhaber, 689 Bände (classische Philologie und Verwandtes); aus dem Nachlasse des Universitätsprofessors Krainz in Prag 404 Bände (österreichisches Recht); von Fischhof in Perchtholdsdorf bei Wien 250 Bände (verschiedenen Inhaltes).

Dazu kam noch vor der Activirung der Universitätsbibliothek ein sehr ansehnliches Geschenk juridischen Inhaltes von Sr. Excellenz dem Geheimen Rathe Ferdinand von Heisler,

---

[1] Jahresbericht des k. k. Min. f. Cultus u. Unterricht, 1875, S. 96.

224 Werke in 427 Bänden, ferner eine aus 284 Nummern bestehende Schenkung der Juristischen Gesellschaft in Wien.
Durch diese Ankäufe und Schenkungen war vornehmlich
für die juridischen Disciplinen gesorgt. Die allfälligen Lücken
mussten auf dem Wege des Buchhandels ausgefüllt werden.
Zu diesem Behufe wurde bereits am 26. April 1875 von
Seiten des Unterrichtsministeriums mit der J. G. Manz'schen
Buchhandlung in Wien ein Vertrag geschlossen, durch welchen
die günstigsten Bedingungen erreicht wurden.

Darnach verpflichtete sich die J. G. Manz'sche Buchhandlung, neue Werke in gebundenem Zustande lediglich zu dem
für ungebundene Bücher üblichen Ladenpreise zu liefern. Für
neue Werke, welche in ungebundenem Zustande geliefert werden
sollten, wurde ein Rabatt von 16 Procent vom Ladenpreise,
dagegen für antiquarisch zu besorgende Werke ein Aufgeld
von 10 Procent, sofern dieselben gesucht, und von 5 Procent,
sofern dieselben den Katalogen entnommen wurden, vereinbart.
Dabei war die Mark mit 55 Kreuzer, der Franc mit 80 Pfennige,
der Schilling mit 1 Mark zu berechnen, und hatte die Zustellung
sämmtlicher Bücher bis Czernowitz spesenfrei auf Kosten der
Buchandlung zu geschehen.

Ausserdem verpflichtete sich die J. G. Manz'sche Buchhandlung freiwillig, sämmtliche Werke ihres Verlages in je
einem Exemplare, die Zeitschriften in je zwei Exemplaren der
k. k. Universitätsbibliothek unentgeltlich zu überlassen, wodurch
schon in dem Gründungsjahre eine weitere Bereicherung der
Bibliothek um 449 Bände erzielt wurde.

Zur Förderung des Bestellungsgeschäftes, sowie anderer
Activirungsarbeiten erfolgte die Ernennung des Verfassers gegenwärtiger Schrift (vormals Scriptor der Universitätsbibliothek in
Lemberg) zum Custos der zu gründenden Universitätsbibliothek
mit Unterrichts-Ministerialerlass vom 18. April und wurde derselbe zur Dienstleistung nach Wien einberufen.

Unter Mithilfe desselben wurden die Verzeichnisse der an-
zuschaffenden Werke im Ministerium ausgearbeitet und an die
Manz'sche Buchhandlung eine Bestellliste von 1374 Nummern
abgegeben.

Da die Activirung der naturwissenschaftlichen Lehrkanzeln erst für einen späteren Zeitpunkt in Aussicht genommen war, so beschränkten sich die damaligen Bestellungen bloss auf die Ergänzung der noch immer lückenhaften rechts- und staatswissenschaftlichen Fächer, ferner auf die philosophischen, geographisch-historischen und philologischen Disciplinen. Bei den meisten Disciplinen wurden die Bestellungen nach dem Beirath der Fachprofessoren der Wiener Universität gemacht.

Ausser dem Bestellungsgeschäfte wurden bereits damals die ersten Vorarbeiten zur Herstellung eines alphabetischen Zettelkataloges durchgeführt, indem der systematische, vom Eigenthümer der Bibliothek vorgelegte Katalog der Roth'schen Bibliothek mit Zuhilfenahme interimistischer Arbeitskräfte auf Zettel abgeschrieben wurde. Dasselbe geschah mit den Bibliotheken Vielhaber und Krainz nach den zur Verfügung gestellten Verzeichnissen dieser Bibliotheken.

Ausserdem wurden die in Wien eingelaufenen Geschenke, sowie die schon damals übernommene Fischhof'sche Bibliothek auf Zetteln katalogisirt, und wurde auch von den an die Manz'sche Buchhandlung abgegebenen Bestelllisten ein zweites Exemplar in Zettelform verfasst, welche letzten Zettel nach Herstellung der Congruenz mit der factischen Lieferung als provisorische Katalogzettel dienten.

In dieser Weise ist es möglich geworden, schon in dem ersten Momente der Activirung der Bibliothek über den gesammten Einlauf einen provisorischen alphabetischen Zettelkatalog zu besitzen.

Die Aufstellung des in oben geschilderter Weise erworbenen Büchereinlaufes begann am 26. August und war in dem Rahmen einer zum grössten Theile provisorischen Aufstellung bis 4. October soweit vollendet, dass die Benützung der Bibliothek durch Entlehnungen nach Hause von diesem Tage ab beginnen konnte und auch factisch begann.

Der Eröffnungstag der Universität kann somit auch als der Eröffnungstag der Universitätsbibliothek bezeichnet werden.

2. Uebersicht der Auslagen.

Wie bereits erwähnt wurde, war von der Regierung für die zehnjährige Periode 1875—84 für Bücheranschaffungen ein Gründungscapital von 80.000 fl. in Ausicht genommen. Davon waren 20.000 fl. für das Jahr 1875 präliminirt, für die folgenden neun bis zehn Jahre eine ausserordentliche Dotation von 6000 fl. jährlich festgestellt.

Seitdem im Jahre 1877 die Dotationen aller österreichischen Universitätsbibliotheken (ausgenommen Wien und Prag, welche schon vordem höher dotirt waren) von den bisherigen 4000 auf 6000 fl. erhöht wurden, trat auch die bei dieser Gelegenheit nicht erhöhte Dotation der Czernowitzer Bibliothek in die Kategorie ordentlicher Dotationen ein.

Die für die Jahre 1875 und 1876 präliminirte Gesammtsumme von 26.000 fl. wurde de facto um 2054 fl. 84 kr. überschritten.

Anlass zu dieser Ueberschreitung gab der durch das rechts- und staatswissenschaftliche Professorencollegium der neugegründeten Universität im Jahre 1876 angeregte und durch die Munificenz des Unterrichtsministeriums zustandegebrachte Ankauf der Bibliothek aus dem Nachlasse des Universitätsprofessors Conrad Rosshirt in Heidelberg (4681 Volumina), welche vornehmlich im römischen und canonischen Recht, ferner im deutschen Staatsrecht überaus reichhaltig war und die Roth'sche Bibliothek in willkommener Weise ergänzte.

Seit dem Jahre 1877 trat die Gebahrung mit dem Anschaffungsfonde in normale Bahnen, indem seit diesem Jahre die Jahresdotation der Bibliotheksverwaltung zur Verfügung gestellt wurde. Dieselbe wird ausser für Bücheranschaffungen im engeren Sinne auch für Buchbinderarbeiten, ferner für Frachten, Portos und Correspondenzen, sofern dieselben auf die Vermehrung des Bücherstandes Bezug haben, verwendet.

Ausser der ordentlichen Dotation gehören in diesen Fonds auch die Matrikeltaxgelder, deren jährliche Höhe zwischen 100 und 150 fl. schwankt, und aus welcher Quelle in den Jahren 1877—1884 in den Anschaffungsfonds 979 fl. 60 kr. eingeflossen sind. Schliesslich sind durch den Verkauf einiger Doubletten, Maculatur u. dgl. bisher 57 fl. 14 kr. eingelaufen.

Diesen Einnahmen gegenüber gestalten sich die Ausgaben in dem abgelaufenen Decennium folgendermassen:

Im Jahre	Bücher-käufe		Buch-binder-Arbeiten		Frachten, Portos etc.	
	fl.	kr.	fl.	kr.	fl.	kr.
1875 Roth'sche Bibliothek inclusive Spesen[1]	4755	53	—	—	—	—
Fischhof'sche Bibliothek inclusive Spesen	513	87	—	—	—	—
Krainz'sche Bibliothek	400	—	—	—	—	—
Vielhaber'sche Bibliothek inclusive Spesen	534	79	—	—	—	—
loco Czernowitz verausgabt .	—	—	166	43	23	21
1876 Durch das k. k. Ministerium für Cultus und Unterricht an die Buchhandlung J. G. Manz ausgezahlt	15050	—	—	—	—	—
Rosshirt'sche Bibliothek inclusive Spesen	2386	40	—	—	—	—
loco Czernowitz verausgabt . .	2998	92	1000	68	225	1
Summe der Ausgaben in den beiden Gründungsjahren[2]	26639	51	1167	11	248	22
1877	4537	28	1371	29	202	95
1878	4877	55	1084	77	155	28
1879	4914	—	1161	73	47	7
1880	5255	16	813	43	51	11
1881	5259	76	848	22	32	72
1882	5282	52	815	20	41	86
1883	5489	57	621	10	48	27
1884	5180	38	911	66	33	86
Summe der Ausgaben 1875—84	67435	73	8794	51	861	34

[1] Der Preis dieser Bibliothek gestaltet sich de facto etwas geringer, weil in der betreffenden, bei der k. k. Landesregierung eingesehenen Rechenlegung über den Transport, auch mehrere gleichzeitig angelangte, nicht in diese Rubrik gehörige Sendungen einbezogen wurden.

[2] Obige Ziffern wurden den Rechenbüchern der k. k. Landesregierung entnommen, da die meisten Auslagen der Jahre 1875 und 1876 direct von dem k. k. Unterrichtsministerium bestritten wurden und die Notificirung derselben an die k. k. Universitätsbibliothek nicht in allen Fällen erfolgte.

Durch Zusammenfassung aller drei Rubriken erhalten wir
die Gesammtsumme von 77.091 fl. 58 kr., welche in dem Decennium 1875—84 auf Bücheranschaffungen inclusive Einband
und Verfrachtung verausgabt wurde.

Mit dieser Ziffer ist jedoch die Summe der für den gesammten Bibliotheksapparat verausgabten Beträge keineswegs
erreicht. Abgesehen von den für die erste Einrichtung der
Bibliothek verausgabten Summen, welche aus dem allgemeinen
Investirungsfonde der Universität bestritten wurden, wurden in
den ersten zwei Jahren 3263 fl. 63 kr. auf Regieauslagen verausgabt, worunter die Diurnen allein im Jahre 1876 eine Auslage
von 1222 fl. 20 kr. veranlassten. Seit 1877 war für Regieauslagen
der jährliche Betrag von 500 fl. ausgeworfen, welcher in der
Regel überschritten und seit 1882 auf jährliche 600 fl. erhöht
wurde.

Die zur Activirung der Bibliothek und Instandhaltung derselben in dem abgelaufenen Decennium verausgabte Gesammtsumme lässt sich, zum Theil approximativ, folgendermassen bestimmen:

1. Bücheranschaffungen . . . .   77.091 fl. 58 kr.
2. Regieauslagen approximativ . . .   8.000 „ — „
3. Beamten- und Dienergehalte mit Abzug
der erzielten Ersparnisse approximativ . . 65.000 „ — „
4. Einrichtung approximativ . . . .   5.000 „ — „

Summe 155.091 fl. 58 kr.

Das Ordinarium der Universitätsbibliothek für 1885 ist
folgendes:

1. Jahresdotation für Bücheranschaffungen 6.000 fl. — kr.
2.   „   für Regieauslagen . .   600 „ — „
3. Beamten- und Dienergehalte . . . .   7.750 „ — „
4. Aushilfen und Remunerationen . . .   200 „ — „

Summe 14.550 fl. — kr.

3. Bücherbestand.

Der Büchereinlauf des abgelaufenen Decenniums war folgender:

Im Jahre	Bände	Hefte	Blätter
1875	31.306	—	—
1876	9.779	401	34
1877	3.668	399	44
1878	3.616	367	11
1879	2.560	388	18
1880	2.512	457	45
1881	3.426	460	3
1882	1.999	538	15
1883	2.722	533	10
1884	2.823	584	—
Summe	64.411	4.127	180

Nach der Kategorie des Einlaufes gestaltet sich derselbe folgendermassen:

Art des Einlaufes	Bände	Hefte	Blätter
Durch Kauf erworben	26.154	1979	3
Landesbibliothek nach dem Stande vom 31. December 1875	15.371	—	—
Geschenke von Privaten und gelehrten Instituten	12.419	651	68
Geschenke der k. k. Behörden	10.004	1425	88
Pflichtexemplare, Bukowinaer Drucke	340	67	21
Durch Tausch der Doubletten, numerischer Ueberschuss	123	5	—
Summe . .	64.411	4127	180

Der Begriff des Bandes ist bei dieser Berechnung gleichbedeutend mit Stück, Volumen, so dass auch kleine Schriften, sofern dieselben ein für sich bestehendes Ganze bilden, als Bände gezählt werden; daher auch die Reduction der in der Landesbibliothek als Hefte gezählten kleinen Schriften in die Rubrik der Bände.

Als Hefte werden nur unselbständige Theile eines Ganzen betrachtet, welche sich mit der Zeit durch den Einband zu Bänden reduciren und somit die Gesammtsumme der Bändezahl vergrössern. Blätter sind entweder Einzelblattdrucke oder aus losen Blättern bestehende Karten- oder Tabellenwerke. Auch diese reduciren sich unter Umständen zu Bänden.

Diese Reductionen vollziehen sich jedes dritte Jahr bei Gelegenheit der in diesen Zeiträumen stattfindenden Bücherrevisionen.

Nach dem Jahresberichte für 1884 war der Bücherbestand am Schlusse dieses Jahres: 64.967 Bände, 1655 Hefte (dreijähriger Bestand) und 25 Blätter.

Mit approximativer Hinzuzählung des bisherigen Einlaufes des laufenden Jahres und durch Reduction der Hefte kann somit der gegenwärtige Bücherbestand auf circa 67.000 Bände, beziehungsweise Stücke, geschätzt werden.

Darunter befinden sich 3400 Stück Doubletten. Unter den erübrigenden 63.600 Unicaten entfallen circa 20.000 Bände, also nahezu ein Drittel der Bibliothek, auf juridische Disciplinen, ungefähr 9000 Bände auf Geschichte und Geographie, ebensoviel auf Sprachwissenschaft inclusive Literaturwissenschaft und Autoren, gegen 4000 Bände auf Naturwissenschaften, 2500 Bände auf Encyklopädien und Akademieschriften, 2500 Bände auf Medicin, 1500 Bände auf Theologie und Kirchengeschichte, 1400 Bände auf Philosophie, 800 Bände auf Mathematik, 800 Bände auf rumänische Gesammtliteratur, 6000 Bände auf sonstige Disciplinen und circa 6000 Stücke auf Programme der Mittelschulen und Universitäten.

Aeltere Handschriften besitzt die Bibliothek keine, von handschriftlichen Aufzeichnungen jüngeren Datums sind 30 Stücke vorhanden.

Incunabeln (bis 1500) besitzt die Bibliothek 15 Stücke, ausserdem einige seltenere Drucke aus dem Beginne des sechzehnten Jahrhunderts.

Von den auf Bücheranschaffungen im ganzen Decennium verausgabten 67.435 fl. 73 kr. entfallen auf:

Rechts- und Staatswissenschaften	16.733	fl. 95	kr.
Sprachwissenschaft incl. Literaturwissenschaft			
und Autoren	14.209	„ 68	„
(darunter 6678 fl. auf classische Philologie)			
Geschichte und Hilfswissenschaften . . .	11.735	„ 32	„
Naturwissenschaften	11.687	„ 06	„
Mathematik	3.180	„ 17	„
Encyklopädie, Akademieschriften und nur ge-			
legentlich gepflegte Fächer	3.019	„ 85	„
Bibliographie und Bibliothekswissenschaft	1.950	„ 35	„
Philosophie	1.949	„ 48	„
Geographie und Kartenwerke . . .	1.726	„ 93	„
Theologie inclusive Kirchengeschichte . .	1.242	„ 94	„
Summe	67.435	fl. 73	kr.

Die geringe Ziffer, welche für Theologie verausgabt wurde, erklärt sich dadurch, dass die theologische Facultät eine eigene Facultätsbibliothek besitzt, daher auf diesem Gebiete nur solche Werke angeschafft werden, welche in genannter Bibliothek fehlen oder als Hilfswerke für Geschichte und das canonische Recht benöthigt werden.

Es würde zu weit führen, wollten wir in diese Darstellung auch nur eine sehr gedrängte Bibliographie solcher Werke aufnehmen, welche in das Gebiet werthvoller Erwerbungen gehören. Es dürfte aber nicht uninteressant sein, einige besonders kostspielige Serienwerke anzuführen, und gleichzeitig die Antiquarwerthe derselben zu vergegenwärtigen. Hieher gehören:

Monumenta Germaniae historica ed. G. H. Pertz, Anschaffungspreis im Jahre 1876 1050 fl. ö. W. (Brockhaus, Leipzig, 1885, 2700 Mark, Exemplar bis 1883.)

Journal für die reine und angewandte Mathemathik, von Crelle, wurde successive bis auf zwei noch fehlende Bände angeschafft. (Friedländer, Berlin, Cat. 315, 2600 Mark, Exemplar bis 1881.)

Annalen der Chemie und Pharmacie von Wöhler, Liebig, Kopp u. A. wurde successive bis auf sieben noch fehlende Bände angeschafft. (Bär, Frankfurt a. M., Cat. 163, 2400 Mark, Exemplar bis 1883.)

Annalen der Physik und Chemie von Poggendorff; das von der Landesbibliothek übernommene incomplete Exemplar wurde im Jahre 1878 mit einem Kostenaufwande von 700 Mark completirt. (Mayer und Müller, Berlin, Cat. 77, inclusive Beiblätter 2428 Mark, Exemplar bis 1883.)

Jahresbericht über die Fortschritte der Chemie und Physik von Liebig, Kopp, Naumann u. A.; die sechs ersten Bände waren in der Landesbibliothek vorhanden, der Rest wurde successive nachgeschafft. (Friedländer w. o., Cat. 350, 975 Mark, Exemplar bis 1883.)

Journal de Mathématiques pures et appliquées p. Liouville, successive angeschafft. (Friedländer w. o., 916 Mark, Exemplar bis 1883.)

Corpus inscriptionum latinarum, consilio et auct. Acad. litter. reg. Boruss. editum. (Bär, w. o., Cat. 157, 1050 Mark, Exemplar bis 1883.)

Abhandlungen der königl. Akademie der Wissenschaften in Berlin sammt allen Vorläufern seit 1710, im Jahre 1878 um den Preis von 2000 Mark erworben.

Bibliothek des literarischen Vereins in Stuttgart, completes Exemplar bis 1885, um den Preis von 1130 Mark erworben.

Katona, historia critica regum Hungariae, im Jahre 1884 um den Preis von 395 fl. ö. W. erworben.

Archiv für Naturgeschichte von Wiegmann, Erichson und Troschel; von der Landesbibliothek wurden sieben Bände übernommen, der Rest successive nachgeschafft. (Friedländer w. o., Cat. 355, 865 Mark, Exemplar bis 1884.)

Jahrbücher für Philologie und Pädagogik, von Jahn, Fleckeisen und Masius, erworben im Jahre 1875, dann fortgesetzt. (Calvary, Berlin, Cat. 166, 750 Mark, Exemplar bis 1878.)

Comptes rendus hebdomadaires de l'Académie des Sciences. (Friedländer w. o , Cat. 350, 680 Mark, Exemplar bis 1881.)

Zeitschrift für wissenschaftliche Zoologie von Siebold, Kölliker und Ehlers; die Bibliothek besitzt ein Exemplar vom 16. Bande ab. (Completes Exemplar bis 1884, Friedländer w. o., Cat. 355, 2500 Mark; Bd. XI—XXXVI, 1861—82, Köhler, Leipzig Cat. 395, 900 Mark.)

4

Philologus, Zeitschrift für das classische Alterthum, von Schneidewin und Leutsch. (Calvary w..o., 540 Mark, Exemplar bis 1881) u. s. w.

Der unentgeltliche Einlauf, sofern derselbe in die Kategorie der Geschenke von Privaten und der k. k. Behörden gehört, belief sich laut obigen Schemas auf 22.423 Bände, 2076 Hefte, 156 Blätter, ist also nur um 4000 Stück geringer als die durch Kauf erworbene Bändezahl.

Unter allen Geschenken steht die im Jahre 1878 gemachte Schenkung Seiner Majestät des Kaisers an Werth und Zahl obenan. Dieselbe bestand aus Doubletten der kaiserlichen Familien- und Fideicommissbibliothek, welche anlässlich der Einverleibung der Büchersammlung Seiner Majestät des Kaisers Ferdinand aus der kaiserlichen Familien- und Fideicommiss-Bibliothek ausgeschieden wurden.

Durch diese kaiserliche Schenkung wurde die Bibliothek um 1056 Bände, durchwegs Unicate, bereichert und wurde namentlich ein sehr ansehnlicher Grundstock für eine Sammlung von Pracht- und Kupferwerken gewonnen.

Wir erwähnen aus dieser Sammlung nachstehende Werke, welche unter die Bibliotheksschätze zählen:

Azeglio R., La reale galleria di Torino, I—IV, Torino 1836—1846.

Dante Alighieri, Le Purgatoire et le Paradis avec les dessins de G. Doré, trad. fr. de Pier-Angelo Fiorentino. Paris 1868.

Endlicher St., Paradisus Vindobonensis, mit Abbildungen von A. Hartinger. Wien 1844.

Goethe J. W., Faust, mit Zeichnungen von E. Seibertz. Stuttgart und Tübingen 1854—58.

Memoria insignis ordinis S. Stephani. Vindobonae 1864.

Pitture le più insigni Parmensi. Parma 1809.

Sacken Ed., Die vorzüglichsten Rüstungen und Waffen der k. k. Ambraser-Sammlung. Wien 1859—62.

Derselbe, Kunstwerke und Geräthe des Mittelalters und der Renaissance in der k. k. Ambraser-Sammlung. Wien 1864.

Spalowský J. J. N., I—IV. Beitrag zur Naturgeschichte der Vögel. Wien 1790—92.

Derselbe, I. Beitrag zur Naturgeschichte der vierfüssigen Thiere. Wien 1794.

Zanotto Fr., Pinacotheca della imp. r. academia Veneta delle belle arti. Venezia 1832—34.

Derselbe, Il palazzo ducale di Venezia, I—IV. Venezia 1853—1861 u. s. w.

Ausserdem sind zu erwähnen:

D'Orbigny Ch., Dictionnaire universel d'histoire naturelle. Paris 1841—1849 (Bär, 250 Mark).

Krombholz J. V., Abbildungen und Beschreibungen der Schwämme. Prag 1831—46 (Friedländer, 117 Mark) u. v. a.

An diese kaiserliche Spende reihen sich 773 Stück Doubletten der Prager Universitätsbibliothek, zu welchen dieselbe anlässlich der Schenkung eines Theiles des Büchernachlasses Seiner Majestät des Kaisers Ferdinand gelangt war und welche laut Anordnung des Unterrichtsministeriums vom 7. Jänner 1876 zunächst der k. k. Universitätsbibliothek in Czernowitz angeboten wurden.

Von den Schenkungen der Privaten wurden jene des Geheimen Rathes Ferdinand Heisler (427 Bände) und der Juristischen Gesellschaft in Wien (284 Nummern), welche noch vor der Activirung der Universitätsbibliothek eingelaufen waren, bereits in dem Capitel über die Gründungsgeschichte erwähnt.

Unter den weiteren Schenkungen sind in chronologischer Ordnung zu erwähnen:

1875: Aus dem Nachlasse des Universitätsprofessors in Wien, Hieronymus Beer, 260 Bände; vom praktischen Arzte in Leitomischl, Hermann Jessler, 300 Bände; beide Schenkungen aus älteren medicinischen Werken bestehend.

1876: Vom Pfarrer a. D. Otto Abel in Leonberg bei Stuttgart 862 Bände; eine sehr werthvolle Sammlung auf dem Gebiete der protestantischen Theologie und der geographischen Reiseliteratur.

1876 und 1880: Von dem hiesigen Universitätsprofessor Dr. Eduard Tangl 256 Bände medicinischer Werke aus dem Nachlasse seines Vaters.

4*

1877: Von Sr. Excellenz dem Herrn Unterrichtsminister Karl von Stremayr 230 Bände; aus dem Nachlasse des k. k. Regierungsrathes Anton Stokera 309 Bände, werthvolle naturwissenschaftliche Werke; von Josef Prochaska in Dębowiec (Galizien) 107 Bände, ältere Juridica.

1878: Aus dem Nachlasse Sr. Excellenz des Herrn Bank- gouverneurs Josef Ritter v. Pipitz 728 Bände, werthvolle juridische Sammlung, besonders reich auf dem Gebiete des österreichischen Rechts;[1] von dem Oberstaatsanwalt Haager in Constanz 81 Bände juridischen Inhaltes.

1881: Aus dem Nachlasse Silverius Schapirer in Czernowitz 120 Bände.[2]

1875—82: Von Dr. Alexander Zotta 91 Bände, werthvolle Juridica; zusammen mit den an die gewesene Landesbibliothek in den früheren Jahren geschenkten Werken gegen 200 Bände.

Von den S chenkungen einzelner Gelehrten, welche ihre eigenen Publicationen mit der Widmung für die neugegründete Universitätsbibliothek überreicht haben, sind zu erwähnen: jene von Josef Paul de Lagarde in Göttingen (23 Bände in geschmackvollen Halblederbänden, 1875); von Prof. Ernst Leutsch in Göttingen eine bis 1875 complete Serie der von demselben herausgegebenen Zeitschrift „Philologischer Anzeiger"; von Sr. Excellenz dem Herrn Minister Unger fünf Exemplare des „System des österreichischen Privatrechts" (1875—76); von Sr. Eminenz dem Bischof August von Roskovany in Neutra (1875—81) 51 Bände; vom Landesausschussrathe J. L. Wieser in Brünn (1875) 17 Bände; von Dr. Eduard Schebek in Prag (1876) 8 Bände; von Dr. Markgraf in Breslau die von ihm herausgegebenen Bände der „Scriptores rerum Silesiacarum" (1877); von Jos. Vict. Scheffel „Gaudeamus", mit Illustrationen von A. Werner (1876); von der Witwe des Prof. Joh. Nep. Czermak in Leipzig dessen „Gesammelte Schriften" (1879);

---

[1] Die Doubletten dieser Bibliothek, welche in der angegebenen Zahl (728) nicht enthalten sind, kamen in Folge Senatsbeschlusses an die einzelnen Seminarbibliotheken der Universität.

[2] Auch von dieser Bibliothek kamen die Doubletten an die einzelnen Seminarbibliotheken.

von Prof. Gustav Retzius in Stockholm „Das Gehörorgan der Wirbelthiere" (1881 f); von J. Th. Golowackij in Moskau „Narodnaja pieśni halickoj i ugorskoj Rusi"; vom Hofrathe A. Becker in Wien „Topographisches Lexikon von Nieder-österreich" (1878 ff.); von Dr. S. Rubinstein „Essays" (1878 ff.).

Unter den Schenkungen von Seiten der Buchhändlerwelt war besonders hervorragend jene der Firma Wilhelm Braumüller in Wien (1875, 271 Bände ausgewählter Verlagsartikel), wobei nochmals zu erwähnen ist, dass sich diese Firma seinerzeit auch um die Gründung der Landesbibliothek besonders verdient gemacht hatte. Der Verleger H. Hässel in Leipzig überreichte 11 Bände seines Verlages in geschmackvollen Einbänden (1875), die Firma Buschak & Irrgang in Brünn 163 Bände (1875), die Buchhandlung H. Pardini in Czernowitz zwei Oelfarbendruckbilder, Porträts Sr. Majestät des Kaisers und Ihrer Majestät der Kaiserin in werthvollen Rahmen (1875).

Einen ganz besonderen Werth haben die Schenkungen, welche der k. k. Universitätsbibliothek von Seiten der Akademien, gelehrten Institute und wissenschaftlichen Vereine sowohl des Inlandes als auch des Auslandes zukamen und auch grösstentheils fortlaufend zukommen. Diese Schenkungen sind umso anerkennenswerther, als die Universität Czernowitz in Folge des Umstandes, dass an österreichischen Universitäten keine Dissertationen und auch in der Regel keine officiellen periodischen Publicationen gedruckt werden, keine Gegenleistungen zu bieten im Stande ist.

Nachstehende Akademien übersenden fortlaufend ihre Publicationen: Die k. k. Akademie der Wissenschaften in Wien (im Jahre 1876 71 Bände[1] und Fortsetzungen); die k. k. Akademie der Wissenschaften in Krakau (1876 91 Bände, zugleich Publicationen der ehemaligen gelehrten Gesellschaft, und Fortsetzungen); die südslavische Akademie der Wissenschaften in Agram (1876 66 Bände, und Fortsetzungen); die königlich bayerische Akademie der Wissenschaften in München (1877 111 Bände, zugleich Publicationen der Münchener Sternwarte, und Fort-

[1] Darunter „Reise der österr. Fregatte Novara" (Bär, 560 Mark).

setzungen); die königlich sächsische Akademie der Wissenschaften in Leipzig (1880 46 Bände, und Fortsetzungen seit 1885); die Leopoldino-Carolini'sche Akademie in Halle („Leopoldina" seit 1879); die königlich rumänische Akademie der Wissenschaften in Bukarest (1881 13 Bände, und Fortsetzungen); die kaiserlich russische Akademie der Wissenschaften in Petersburg (1877 complete Exemplare der Soczynenija, Zapiski, des Bulletin und Fortsetzungen);

Die königlich böhmische Gesellschaft der Wissenschaften in Prag schenkte im Jahre 1876 sieben Bände ihrer Abhandlungen und 17 Jahrgänge ihrer Sitzungsberichte und liefert seitdem die Fortsetzungen dieser Publicationen zu dem halben Ladenpreise.

Die Göttingische gelehrte Gesellschaft schenkte im Jahre 1877 314 Bände der „Anzeigen".

Ausserdem übersenden nachstehende gelehrte Vereine ihre Publicationen:

a) Inländische: Der Verein für Geschichte der Deutschen in Böhmen in Prag (1876, 48 Bände und Fortsetzungen); der naturwissenschaftliche Verein „Lotos" in Prag (1876, complete Serie, soweit vorräthig und Fortsetzungen bis 1882); der historische Verein für Steiermark in Graz (1876, 35 Bände und Fortsetzungen); der siebenbürgische Verein für Naturwissenschaften in Hermannstadt (1876, 30 Bände und Fortsetzungen); die k. k. Centralcommission zur Erhaltung und Erforschung der Baudenkmale in Wien (seit 1875); die k. k. Sternwarte in Prag (1876, 35 Bände und Fortsetzungen); das königlich böhmische Museum in Prag (1876, 40 Bände „Časopis"); der Verein für siebenbürgische Landeskunde in Hermannstadt (1877, 41 Hefte und Fortsetzungen); der Verein zur Verbreitung naturwissenschaftlicher Kenntnisse in Wien (1877, 12 Bände und Fortsetzungen); die österreichische Gesellschaft für Meteorologie (1877 ff., auch einige frühere Jahrgänge, soweit vorräthig); der heraldisch-genealogische Verein „Adler" in Wien (1877—79); die k. k. geographische Gesellschaft in Wien (1877, bis dahin reichendes Exemplar der „Mittheilungen", soweit vorräthig); die k. k. zoologisch-botanische Gesellschaft in Wien (1877, 17 Bände und Fortsetzungen); die k. k. Centralanstalt für Meteorologie und Erdmagnetismus (1877 ff.); der naturforschende Verein in Brünn (1878, 14 Bände und Fortsetzungen); die k. k. mährisch-schlesische Gesellschaft zur Beförderung des Ackerbaues etc. (1878 und 1884, „Schriften" vom 21. Bande ab, „Mittheilungen" seit 1851 und eine Reihe anderer Publicationen); der Juristenverein in Prag (1878 ff.); das k. k. militär-geographische Institut in Wien (Mittheilungen seit 1883); das k. k. orientalische Museum in Wien (1883); die anthropologische Gesellschaft in Wien (1883); das Comité für land- und forstwissenschaftliche Statistik Böhmens in Prag (1883); in den drei letzen Fällen Completirungen vorhandener Serien.

b) Ausländische: Die naturforschende Gesellschaft in Odessa (1877, 7 Bände und Fortsetzungen); die estnische Gesellschaft in Dorpat (seit 1877); die Gesellschaft der Naturforscher in Moskau (Bulletin seit 1877); der Verein für Erdkunde in Dresden (complete Serie bis 1878); die Gesellschaft der Naturforscher in Petersburg (1877, 8 Bände und Fortsetzungen); die Smithsonian Institution in Washington, durch Vermittlung des Herrn Dr. Felix Flügel in Leipzig (1877 u. ff., „Contributions" Band 13 ff., „Miscellaneous collections" Band 13 ff., „Report" 1858 ff.); die archäologischen Gesellschaften in Petersburg und Moskau (1877, mit Einschluss der gleichzeitigen Sendung der Petersburger Akademie der Wissenschaften, 222 Bände, darunter „Drewnosti", „Izwiestija", „Skazanija o Borisie i Glebie" u. a.); das Comité der norwegischen nordatlantischen Expedition (seit 1881); der Verein für Naturkunde in Cassel (1879 ff.); die norwegische Commission für europäische Gradmessung (1882 ff.); die archäographische Gesellschaft in Wilna (1883, 42 Bände und Fortsetzungen).

Der oberste Cassationshof in Bukarest übersandte im Jahre 1877 eine complete Serie seines „Buletinulu", die Staatsarchivsdirection in Moskau im Jahre 1878 18 Bände ihrer Publicationen.

Nachstehende deutsche Universitäten schicken seit 1876 regelmässig ihre akademischen Schriften (Dissertationen und Programme) ein: Breslau, Freiburg, Heidelberg, Greifswald, Tübingen, Basel, Kiel, Dorpat und die Akademie in Münster, ausserdem Leipzig und Strassburg im Jahre 1877. Daran reihen sich die russischen Universitäten Moskau, Warschau, Odessa, Charkow, Kazan.

Jubiläumsschriften kamen der Bibliothek zu von den Universitäten: Kopenhagen (1879), Tübingen (1879), Upsala (1880), Freiburg (1881), Würzburg (1882), Zürich (1882), Basel (1884), Edinburgh (1884).

Die Universität Krakau schenkte in den Jahren 1875 und 1884 die auf ihre Veranlassung herausgegebenen Publicationen, darunter: „Codex diplomaticus universitatis Cracoviensis."

Die k. k. technische Hochschule in Wien überliess im Jahre 1876 490 Bände aus einer Schenkung, welche derselben von Seiten der Akademie der Wissenschaften in Wien zugekommen war; die k. k. Universitätsbibliothek in Wien in den Jahren 1878 ff. gegen 150 Bände Doubletten.

Von den k. k. Behörden und den autonomen Corporationen sind der Bibliothek nachstehende Schenkungen zugekommen: Die stenographischen Protokolle der beiden Häuser des Reichsrathes, der Delegationen und sämmtlicher Landtage der diesseitigen Hälfte der Monarchie, desgleichen die Landesgesetzblätter sämmtlicher Provinzen, das Verordnungsblatt des k. k. Finanzministeriums, des k. k. Ministeriums für Cultus und Unterricht (bis 1875), und das Reichsgesetzblatt, durchwegs, soweit der Vorrath reichte, vollständige Exemplare. — Der galizische Landesausschuss übersendet ausserdem seine statistischen Publicationen und das fortlaufende Quellenwerk „Akta ziemskie i grodzkie"; der mährische Landesausschuss schenkte im Jahre 1876 17 Bände seiner wissenschaftlichen Publicationen (Codex diplomaticus Moraviae, Dudik Geschichte Mährens, Libri citationum und Fortsetzungen), ebenso der Prager Landesausschuss (böhmische Landtagsverhandlungen von 1526 ff., Archiv český, als Ergänzung u. A. m.)

Die k. k. statistische Centralcommission schenkte, abgesehen von den regelmässig fortlaufenden Publicationen, in mehreren Partien gegen 2000 Bände Doubletten ihrer Bibliothek, worunter eine werthvolle Sammlung von statistischen Publicationen fast aller Staaten der Erde. Von der Bibliothek des k. k. Ministeriums

für Landesvertheidigung, von welchem bereits die Landesbibliothek Schenkungen erhalten hatte, kamen in den Jahren
1876 und 1877 über 100 Bände ausgeschiedener Werke, darunter
einige sehr werthvolle Polonica; von dem k. k. Finanzministerium ein vollständiges Exemplar des Berichtes über die
Weltaustellung von 1873; von dem k. k. Reichs-Kriegsministe-
rium das Militärstatistische Jahrbuch für 1870 ff. u. A. (1875 ff.);
von dem k. k. Handelsministerium die „Nachrichten über Industrie,
Handel und Verkehr" (1875 ff., 29 Bände); von dem k. k.
Ackerbauministerium, ausser dem fortlaufenden statistischen Jahr-
buche, im Jahre 1876 eine grüssere Partie in das Ressort dieses
Ministeriums einschlägiger Publicationen (52 Bände); ebenso
vom königlich ungarischen statistischen Bureau in Budapest
und von dem kroatischen statistischen Bureau in Agram die
fortlaufenden Veröffentlichungen. Der k. k. Schulbücherverlag
schenkte in den Jahren 1875 und 1881 gegen 70 Bände seines
Verlages, die Prager Handelskammer im Jahre 1876 ff. die
Berichte über ihre Verhandlungen, die Redaction der „Wiener
Zeitung" ein Exemplar ihres Blattes seit 1875.

Das k. k. Unterrichtsministerium übersendet unter Anderem
seit 1879 vollständige Sammlungen der von den Gymnasien und
Realschulen Preussens, Sachsens, Würtembergs und Badens
veröffentlichten Programme.

Die Directionen fast aller diesseitigen Mittelschulen und
der deutschen Gymnasien Siebenbürgens sind dem Ansuchen
um Zusendung vollständiger Sammlungen ihrer Programme
auf das bereitwilligste entgegengekommen.

Zufolge der „Amtsinstruction für die k. k. Staatsanwalt-
schaften und Sicherheitsbehörden zum Vollzuge des Press-
gesetzes vom 17. December 1862" kamen die Pflichtexemplare
der in der Bukowina erscheinenden Druckschriften nicht der
gewesenen Landesbibliothek, sondern der k. k. Gymnasialbibliothek zu. Mit Erlass des k. k. Justizministeriums vom
21. August 1881, Z. 4474,[1] wurde diese Bestimmung zu Gunsten

---

[1] Kundmachung der k. k. Bukowinaer Landesregierung vom 19. September 1881, „Czernowitzer Zeitung" vom 2. October 1881, Nr. 224.

der Universitätsbibliothek abgeändert. Trotzdem wurden de facto schon seit 1876 Pflichtexemplare an' die k. k. Universitätsbibliothek abgeliefert, so dass die in dem oben gegebenen Einlaufsschema angegebene Gesammtsumme dieser Kategorie von 340 Bänden, 67 Heften, 21 Blättern eine zehnjährige Periode repräsentirt. Der in diese Rubrik fallende Zuwachs ist allerdings nicht nur numerisch, sondern auch wissenschaftlich meist unbedeutend, hat aber insofern einen hohen Werth, als er allein geeignet ist, das zur Erforschung des socialen und culturellen Lebens der Bukowina erforderliche Material zu liefern. Es ist also zu bedauern, dass selbst von den wenigen Drucken, welche in der Bukowina erscheinen, sich dennoch manche in Folge gänzlichen Mangels an bibliographischen Kundmachungen der Aufmerksamkeit der Bibliotheksverwaltung entziehen, und dass in Fällen, wo die erforderlichen gesetzlichen Schritte nicht rechtzeitig eingeleitet werden konnten, das Einbringen mancher ephemeren Schriften in Folge gänzlichen Verschwindens derselben in den Händen der Privaten nicht mehr möglich ist.

Da die Landesbibliothek zur Abnahme der Pflichtexemplare nicht berechtigt war, so befinden sich auch in der gewesenen Landesbibliothek in der Rubrik „Bucovinensia" erhebliche Lücken, und es gibt Journale und Schriften aus jener Periode, von denen überhaupt kein Exemplar mehr aufzutreiben ist.

Der numerische Ueberschuss der durch Tausch der Doubletten erworbenen Werke beziffert sich laut Schemas auf 123 Bände, 5 Hefte. De facto wurden im Ganzen 552 Bände, 5 Hefte erworben und 429 Stück Doubletten weggegeben. Der Tausch wurde mit den Universitätsbibliotheken in Prag und in Graz und mit den Studienbibliotheken in Salzburg und in Olmütz vollzogen, ausserdem mit einigen Privaten. Ein weiterer Doublettentausch mit den Universitätsbibliotheken in Graz und Innsbruck ist im laufenden Jahre zu Stande gebracht worden.

4. Organisation, Verwaltung, Benützung.

Die Organisation der Bibliothek beruht im Grossen und Ganzen auf den Normen der für österreichische Universitätsund Studienbibliotheken giltigen Instruction vom 23. Juli 1825.

Dieser Instruction entsprechend sind die Bücher in (90) fortlaufend numerirten Schränken aufgestellt, von denen jeder
Schrank eine bestimmte Wissenschaftsclasse repräsentirt. Ist
der in einem Schrank vorhandene Raum erschöpft, so wird
durch Anwendung der Bruchform für die Bezeichnung des-
selben ein neuer Schrank interpolirt, z. B. $\frac{V}{a}$, $\frac{XXXIII}{a}$.

Zu den weiteren Merkmalen der Localsignatur gehört die
Bezeichnung des Fachbrettes durch fortlaufende Buchstaben des
Alphabetes und der Stellen in jedem Fache durch fortlaufende
arabische Zahlen. Die Roth'sche Bibliothek konnte bisher nur
zum Drittheile nach diesem System eingereiht werden, der Rest
derselben ist noch nach den von dem früheren Besitzer her-
rührenden Signaturen aufgestellt. Auch die Landesbibliothek
ist bis auf einzelne Ausnahmsfälle nach ihrem ursprünglichen
Systeme als besonderes Ganzes aufgestellt. Dissertationen werden
den einzelnen Schränken nach den Wissenschaftsclassen, denen
sie angehören, mit Unterscheidung der Formate 4⁰ und 8⁰, nach
fortlaufenden Nummern angeschlossen. Die Programme sind
nach dem Alphabete der geographischen Orte der einzelnen
Lehranstalten und innerhalb derselben nach den Jahreszahlen
geordnet und dem entsprechend signirt.

Den einzelnen Schränken entsprechen Standorts-Tabellen, in
denen die Bücher in derselben Ordnung, wie sie in den Schränken
aufeinander folgen, kurz verzeichnet sind. Nach diesen Standorts-
Tabellen werden die instructionsmässig je drei Jahre stattfindenden Bücherrevisionen vollzogen. Auch dienen dieselben, so lange
ein systematischer Katalog nicht ausgearbeitet ist, als Noth-
behelfe zur Orientirung in den einzelnen Wissenschaftsclassen.

Neben der Localsignatur erhalten die Werke nach der
Reihe des Einganges einen fortlaufenden Bibliotheksnumerus.
Dieser Numerirung entspricht ein fortlaufendes Nummernrepertorium, welches am Schlusse des Jahres 1884 bis 12.569
reichte.

Ueber den gesammten Bücherbestand besteht ein allgemeiner
alphabetischer Zettelkatalog. Der Grundstock dieses Kataloges
wurde, laut der in dem Capitel über die Gründungsgeschichte

gegebenen Auseinandersetzung, in der Weise zusammengestellt, dass der allererste Einlauf auf bloss provisorischen Zetteln kurz beschrieben wurde. In dem Jahre 1876 wurde dieser Grundstock dadurch ergänzt, dass der Nominal-Fachkatalog der Landesbibliothek auf Zettel abgeschrieben und diese Abschriften dem allgemeinen Kataloge einverleibt wurden.

Der gesammte Einlauf, welcher über diese erste Gründungsperiode hinausreicht, wurde streng bibliographisch beschrieben und wird alljährlich die nach Bewältigung des gewöhnlichen Einlaufes erübrigende Zeit zur successiven Bearbeitung der aus dem ersten Jahre des Bestandes der Bibliothek stammenden provisorischen Zettel verwendet.

Der alphabetische Katalog ist im Principe Grundkatalog, d. i. er ist derjenige Katalog, für welchen die Zettel am ausführlichsten verfasst werden. Für das Verfassen der Katalogzettel und die Aufrechthaltung der alphabetischen Ordnung in dem erwähnten Kataloge besteht eine detaillirte, aus 140 Paragraphen bestehende Instruction, welche im eigenen Wirkungskreise der Bibliotheksverwaltung entworfen wurde.

Neben den Zetteln für den allgemeinen alphabetischen Katalog werden seit 1877 über den gesammten Einlauf und je nach der erübrigenden Zeit auch über ältere Partien zweite Zettel verfasst, mit der Bestimmung, das für einen systematischen Katalog erforderliche Material zu liefern. Es sind bereits nicht unbedeutende Partien dieser Zettel, welche gegenwärtig über alle in das Nummernrepertorium eingetragenen Werke, und zwar über 13.540 Nummern, sich erstrecken, nach Materien geordnet, doch können die betreffenden Sortirungen nur als Vorarbeiten für den systematischen Katalog betrachtet werden. Es ist vorläufig dahingestellt, ob dieser geplante systematische Katalog die Zettelform behalten oder ob derselbe in Buchform verfasst werden wird.

Einlaufsjournale werden nach den Kategorien der Privatgeschenke, ämtlichen Zustellungen und Pflichtexemplaren gesondert geführt.

Als Einlaufsjournal für die durch Kauf erworbenen Bücher dient das Quittungsbuch, in welches alle Buchhändlerrechnungen

vollinhaltlich eingetragen werden. Ueber die gekauften Werke
werden alljährig systematische Verzeichnisse dem Unterrichtsministerium und dem akademischen Senate vorgelegt, aus welchen
die Einzelpreise der Werke und die Vertheilung der Summen
auf die einzelnen Disciplinen ersichtlich sind.

Einen Theil der Organisationsarbeiten bilden gewissermassen
die Buchbinderarbeiten, deren Erledigung besonders in den ersten
Jahren des Bestandes der Bibliothek einen grossen Zeitaufwand
in Anspruch nahm. Abgesehen von den im Jahre 1875 durch
die Buchhandlung Manz besorgten Einbänden wurden in dem
abgelaufenen Decennium loco Czernowitz 16.545 Bände gebunden.
Der jährliche Durchschnitt der in den Jahren 1876—79 zum
Einbande abgegebenen Bücher betrug 2170 Bände, in den bereits
normalen Jahren 1881—84 schwankt die Ziffer zwischen 1200
und 1400.

Das Personal der Bibliothek besteht gegenwärtig aus einem
Bibliothekar, einem Custos, einem Scriptor, zwei Amanuenses
und zwei Bibliotheksdienern. Dasselbe war in den ersten Jahren
des Bestandes der Bibliothek nicht vollzählig, ein Mangel, welchem
durch Aufnahme zeitweiliger Hilfsarbeiter aufgeholfen wurde.

Die Bibliothek ist in dem Universitätsgebäude derart untergebracht, dass die Lesezimmer und Bureauräume in dem ersten
Stockwerke, das Bücherdepot in den Parterrelocalitäten der
mittleren Gebäudefront sich befinden. Beide Localitätencomplexe
sind durch eine Wendeltreppe mit einander verbunden. Ausserdem
ist ein mit den übrigen Räumen unzusammenhängendes Zimmer
für Doubletten und minder gebrauchte Werke vorhanden. Das
Bücherdepot besteht aus einem grossen Saale, vier Räumen
verschiedener Grösse und aus zwei für die Bibliothek adaptirten
Corridorfragmenten. Die ganze Unterbringung ist ziemlich
ungeeignet und gilt als Provisorium.

Die Erweiterung der Räume bis zu ihren gegenwärtigen
Dimensionen war eine successive. Wegen Raummangels musste
die Landesbibliothek nach erfolgter Uebernahme in ihrem früheren
Locale im Landhausgebäude belassen werden, und es konnte
die Uebertragung derselben in das Universitätslocale erst im
Winter 1876/77 geschehen.

In dem Landhauslocale verblieben auch dann noch die Doubletten, für deren Unterbringung · im Universitätsgebäude erst im Jahre 1882 ein Zimmer ermittelt werden konnte.

Die Zweitheilung der Localitäten hatte somit eine siebenjährige Dauer.

Von den beiden Lesezimmern ist das eine für Universitätsprofessoren, das zweite für das übrige Publicum bestimmt. Dieselben sind für den Gebrauch des Publicums während des Schuljahres täglich, mit Ausnahme der Sonn- und Feiertage, und zwar vom 1. October bis 15. März von 9 bis 2 Uhr, und vom 16. März bis 31. Juli Vormittags von 9 bis 1 Uhr und Nachmittags von 4 bis 6 Uhr geöffnet.

In den Lese- und Bureauräumen sind circa 1000 Bände zum Handgebrauche und zum Bureaudienste erforderlicher Bücher aufgestellt.

Der Zutritt in das allgemeine Lesezimmer steht jedem Gebildeten frei.

Das Entlehnen der Bücher nach Hause findet in den vormittägigen Lesestunden im Winter von 9 bis 2 Uhr, im Sommer von 9 bis 1 Uhr statt.

Für das Lesezimmer besteht eine eigene Leseordnung, für das Entlehnen der Bücher nach Hause sind die Bestimmungen der Ministerialverordnung vom 20. December 1849 giltig, welche seither durch viele nachträgliche Verordnungen ergänzt wurden.

Die Führung der Lesejournale an den Universitäts- und Studienbibliotheken wurde mit dem Ministerialerlasse vom 13. März 1855 abgeschafft, da dieselbe „einen Aufwand an Zeit und Sorgfalt erfordert, welcher zu dem Nutzen dieser Arbeit in keinem entsprechenden Verhältnisse steht"; daher lassen sich über die Benützung in den Lesesälen keine absolut genauen Daten zustandebringen. Dazu kommt, dass die Benützung im Lesezimmer der Professoren sich jeder Controle entzieht. Eine im Jahre 1884 mit besonderer Sorgfalt durchgeführte Statistik führte zu dem Ergebniss, dass der allgemeine Lesesaal in diesem Jahre von 1545 Personen besucht und dass an dieselben 5744 Bücher zum Lesen verabfolgt wurden. Ein Vergleich dieser Ziffern mit jenen der früheren Jahre führte zu dem Resultate, dass die

Benützung im ersten Jahre 1876 wohl geringer war, seit 1877 jedoch in den einzelnen Jahren sich ziemlich gleich blieb. Da die Benützung im Professorenlesezimmer mindestens ebenso stark ist, als im allgemeinen Lesesaale, so kann angenommen werden, dass in beiden Lesezimmern in runder Summe alljährlich 12.000 Bände zum Lesen verabfolgt werden.

Ueber die Entlehnungen nach Hause wird ein Ausleihjournal geführt und gestaltet sich die darauf beruhende Statistik folgendermassen:

Im Jahre	Zahl der entlehnten Bände	Davon entfallen auf				Zahl der versandten Paquete
		Universitätsprofessoren	Studirende der Universität	Andere Personen	Versendungen ausserhalb des Universitätsortes	
1875	560	—	—	—	—	—
1876	3018	1783	913	321	1	1
1877	4233	2258	1409	560	6	4
1878	4732	2184	1788	720	40	15
1879	6243	2958	2635	605	45	15
1880	6974	3413	2862	630	69	13
1881	4838	1768	2176	826	68	18
1882	6032	2937	2092	920	83	21
1883	5173	1521	2442	1087	123	29
1884	5917	1957	2330	1506	124	30

Aus obiger Tabelle geht hervor, dass die Entlehnungen der ersten drei Jahre geringer waren als jene der folgenden. Der jährliche Durchschnitt der Periode 1878—84 ist 5700 Bände. Die grösseren Ziffern in den Jahren 1879 und 1882 erklären sich dadurch, dass diese Jahre Scontrirungsjahre waren, in denen alle Bücher zurückgefordert und nach vollendeter Scontrirung zum grössten Theile wieder entlehnt wurden. Die ungewöhnlich grossen Ziffern des Jahres 1880 sind zufällig. Ein stetiges Wachsen der Entlehnungen ist in den Rubriken der ausserhalb der Universität stehenden Personen und der Versendungen an die ausserhalb des Universitätsortes befindlichen Anstalten zu bemerken.

An die zur Entlehnung berechtigten Personen werden, ausgenommen an Universitätsprofessoren, Bibliotheksbeamte, und Beamten der Universität Bibliothekscheine ausgegeben.

Nach dieser Richtung gestaltet sich die Statistik folgendermassen:

Im Jahre	Zahl der Bibliotheksscheine	Davon entfallen auf							Davon entlehnten gegen Cautionen
		Juristen	Philosophen	Theologen	Lehramts-Candidaten	Doctoranden	Mittelschullehrer	Andere Personen	
1876	82	48	24	8	2[1]				2
1877	129	61	43	8	14[1]				8
1878	157	64	54	7	4		8	20	8
1879	202	62	68	18	5	—	24	25	9
1880	237	68	76	16	20	4	17	36	8
1881	211	60	60	15	14	6	22	34	16
1882	172	62	48	10	10	3	15	24	1
1883	175	67	37	10	15	4	19	23	8
1884	175	57	35	10	14	10	21	28	3

Anderseits wurden für hiesige Entlehner, zumeist Universitätsprofessoren, Bücher aus anderen Bibliotheken requirirt. Die hierher gehörigen Ziffern sind folgende:

Im Jahre	Zahl der Bände	Darunter Zahl der Handschriften	Zahl der angelangten Paquete
1876	241	23	63
1877	270	17	62
1878	342	27	94
1879	418	17	160
1880	335	15	119
1881	310	10	116
1882	352	29	151
1883	304	22	125
1884	212	14	89

[1] Mittelschullehrer nicht mitgerechnet

Die meisten Bücher wurden von der k. k. Universitätsbibliothek in Wien entlehnt, an diese reihen sich alle Universitäts-
und öffentliche Bibliotheken der Monarchie und auch einige
Bibliotheken Deutschlands.

Handschriften wurden entlehnt: von der k. k. Hofbibliothek
in Wien, von dem k. k. Hof- und Staatsarchiv in Wien,
von den Universitätsbibliotheken in Prag, Graz, Innsbruck,
Krakau, Lemberg, Heidelberg, Leipzig, Breslau, München, von
der Studienbibliothek in Olmütz, von der öffentlichen Bibliothek
in Linz, von den Stiftsbibliotheken von St. Peter in Salzburg,
St. Gallen, Göttweih, Einsiedeln, Hohenfurt und Melk, von dem
gräflich Ossoliński'schen Nationalinstitut in Lemberg, von dem
mährischen Landesarchiv in Brünn, von dem königlich böh-
mischen Museum in Prag, von der Bibliothek des erzbischöflichen
Domcapitels in Olmütz, von der königlichen Hof- und Staatsbibliothek in München, von der grossherzoglich badischen Landesbibliothek in Karlsruhe, von der königlichen Bibliothek zu
Brüssel, von der Bibliothèque nationale in Paris, von den Bibliotheken zu Boulogne s. M., St. Omer, Chartres, Troyes, Leyden,
von der St. Marcusbibliothek in Venedig und von der Bibliothek
des Trinity College in Cambridge.

Zur Aufbewahrung entlehnter Handschriften ist eine feuer-
und einbruchsichere Cassa vorhanden. Die Benützung selbst
findet nur in den Räumen der Universitätsbibliothek statt.

K. k. Hofbuchdruckerei Carl Fromme in Wien

DIE

K. K. UNIVERSITÄTS-BIBLIOTHEK

IN CZERNOWITZ

1885–1895

VON

DR· **KARL REIFENKUGEL**
K. K. UNIVERSITÄTS-BIBLIOTHEKAR.

CZERNOWITZ.
IN COMMISSION BEI H. PARDINI.
1896.

DIE

UNIVERSITÄTS-BIBLIOTHEK

IN CZERNOWITZ

1885 1895

VON

DR. KARL REIFENKUGEL

K. K. UNIVERSITÄTS-BIBLIOTHEKAR.

CZERNOWITZ.
IN COMMISSION BEI H. PARDINI.
1896.

Gegenwärtige Skizze umfasst den 11jährigen Zeitraum von 1885—95 und schliesst sich an die im Jahre 1885 unter dem Titel: „Die Bukowinaer Landesbibliothek und die k. k. Universitätsbibliothek in Czernowitz" veröffentlichte Druckschrift an.

Nur dort, wo es zweckmässig erschien, den ganzen zwanzigjährigen Zeitraum des Bestandes der Anstalt zusammenzufassen oder in der angeführten Veröffentlichung fehlende Angaben zu ergänzen, wurde auch die vorangegangene Periode 1875—84 in die vorliegende Darstellung hereingezogen.

Dem Verfasser sei es gestattet, an dieser Stelle einem hohen k. k. Ministerium für Cultus und Unterricht, welches die Kosten des Druckes zu decken geruhte, den ehrfurchtsvollen Dank auszusprechen.

I. Einnahmen und Ausgaben.

Der Anschaffungsfonds besteht aus der ordentlichen Dotation, den Matrikeltaxgeldern und den durch Verkauf von Doubletten und Maculatur erzielten Einnahmen.

Die ordentliche Dotation betrug in den Jahren 1877—91 6000 fl., 1892—95 7000 fl. jährlich und wurde mit dem laufenden Jahre 1896 auf jährliche 8000 fl. erhöht. Vom Jahre 1897 ab ist seitens der hohen Unterrichts-verwaltung, vorbehaltlich der verfassungsmässigen Genehmigung, eine weitere Erhöhung auf jährliche 9000 fl. in Aussicht genommen.

Auch die Matrikeltaxgelder wurden mit dem Studienjahre 1887/88 von früheren 2 fl. 10 kr. auf 4 fl. à Person erhöht, wodurch dem Anschaffungsfonds auch aus dieser Einnahmsquelle höhere Beträge zufliessen.

Eine Uebersicht der jährlich schwankenden Einnahmen und der Ausgaben der Bibliothek auf dem Gebiete der Bücheranschaffungen ist aus nachstehender Tabelle zu entnehmen:

Im Jahre	Schwankende Einnahmen				Ausgaben					
	Matrikeltax-gelder		Doubletten-verkauf u. a.		Bücherkäufe		Buchbinder-löhne		Frachten u. Portos	
	fl.	kr.	fl.	kr.	fl.	kr.	fl.	kr.	fl.	kr.
1875—84	979	60	57	14	67435	73	8794	51	861	34
1885	132	30	—	60	5303	16	807	40	22	34
1886	136	50	22	43	5305	42	832	2	21	49
1887	154	—	16	99	5378	15$^1_2$	765	19	27	54$^1_2$
18·8	248	—	—	66	5418	11$^1_2$	791	89	38	65$^1_2$
1889	316	—	2	24	5473	38	818	89	25	97
1890	311	--	2	38	5383	88	890	77	38	73
1891	312	—	2	81	5173	99	1115	90	24	92
1892	360	—	2	12	6278	40	1041	93	41	79
1893	364	—	3	84	6294	86	1041	29	31	69
1894	232	—	195	25	6458	46	917	96	50	83
1895	440	--	105	33	6707	89	793	82	43	62
1875—95	3985	40	411	79	130611	44	18611	57	1229	02

Durch Zusammenfassung aller drei Rubriken der Ausgaben erhalten wir die Gesammtsumme von 150.452 fl. 3 kr., welche in dem Zeitraume 1875– 95 auf Bücheranschaffungen einschliesslich Einband, Verfrachtung und Portogebühren verausgabt worden sind.

Für Regieauslagen stehen jährlich 600 fl. zur Verfügung. Davon werden Heizung, Katalogzettel, Schreibutensilien und kleinere sachliche Ausgaben bestritten.

Für Adaptirungen innerhalb der Bibliotheksräume, sowie für Anschaffungen von Büchergestellen und Bureaueinrichtungen hat das hohe k. k. Ministerium für Cultus und Unterricht mit Erlässen vom 16. August 1889 und vom 8. Jänner 1891 je 800 fl. und mit Erlass vom 13. Juli 1892 1100 fl., zusammen 2700 fl. zur Verfügung gestellt.

Ein weiterer Credit für Anschaffungen von Büchergestellen in der Höhe von 766 fl. 67 kr. wurde mit hohem Unterrichtsministerialerlasse vom 4. December 1895 für das Jahr 1897 in Aussicht genommen.

Die Gesammtausgaben für die Bibliothek in dem Zeitraume 1885—95 ergeben sich aus folgender Zusammenstellung:

1. Bücheranschaffungen . . . . . 73.360 fl. 15 kr.
2. Regieauslagen . . . . . . 6.600 „ — „
3. Einrichtung und Adaptirungen[1] . 2.700 „ — „
4. Beamten- und Dienergehalte . . 103.916 „ 91 „
5. Geldunterstützungen und Remunerationen approximativ . . . . . . 2.500 „ — „

Summe 189.077 fl. 36 kr.

[1] Nicht eingerechnet sind die grossen Herstellungen, welche im Jahre 1888 gelegentlich der Erweiterung der Bibliotheksräume aus dem für die Adaptirung, des ganzen Universitätsgebäudes bewilligten allgemeinen Fonds bestritten wurden. Für Reparaturen und kleine Adaptirungen waren in der Periode 1876—88 jährliche 100 fl., seit 1889 jährliche 200 fl. ausgeworfen; doch lässt sich der jedenfalls unbedeutende Antheil der Bibliothek an diesen Beträgen, da dieselben mit anderen für die Erhaltung der Universitätsgebäude ausgesetzten Fonds cumulativ zur Ausgabe gelangen, nicht genau berechnen.

Für den Zeitraum von 1875—84 wurde die gleichartige Ziffer mit rund 155.100 fl. ermittelt, so dass sich also die Gesammtauslagen für 1875—95 auf rund 344.180 fl. schätzen lassen.

Das Ordinarium der Universitätsbibliothek für die Jahre 1896 und 1897 ist folgendes:

	1896	1897
1. Dotation für Bücheranschaffungen	8.000 fl.	9.000 fl.
2. „ für Regieauslagen . . .	600 „	600 „
3. Beamten- und Dienergehalte . .	11.547 „	13.897 „
4. Aushilfen und Remunerationen .	200 „	200 „
5. Gebäudeerhaltung	200 „	200 „
Summe . .	20.547 fl.	23.897 fl.

2. Bücherbestand.

a) Zuwachs.

Der Büchereinlauf im Zeitraume 1885—95 war folgender:

	Bände	Hefte	Blätter	Zusammen Stückzahl
1885	2719	443	9	3171
1886	3555	493	6	4054
1887	3468	542	5	4015
1888	3497	620	11	4128
1889	3466	540	11	4017
1890	6748	645	63	7456
1891	5052	380	—	5432
1892	4148	439	39	4626
1893	5439	535	88	6062
1894	4318	669	70	5057
1895	4763	572	33	5368
Summe	47173	5878	335	53386

Wenn wir von den Gründungsjahren 1875—78 absehen und das Jahr 1890, in welchem der Bibliothek eine grössere Schenkung zugekommen ist, nicht in Betracht ziehen, so ergeben sich für einzelne Zeiträume nachstehende jährliche Durchschnitte des Einlaufes:

1879—85 3180 Stück
1886—89 4053 „
1891—95 5491 „

Es ist also der Einlauf seit dem Bestande der Bibliothek stetig gewachsen und betrug in den letzten fünf Jahren im Jahresdurchschnitte um 2311 Stück mehr als in den Jahren 1879—85.

Nach der Art des Einlaufes gestaltete sich der Bücherzuwachs in den Jahren 1885—95 folgendermassen:

Art des Einlaufes	Bände	Hefte	Blätter
Durch Kauf erworben . . .	14300	3691	59
Geschenke	31637	2051	86
Pflichtexemplare	1150	136	190
Durch Tausch der Doubletten numerischer Ueberschuss . .	86	—	—
	47173	5878	335

Als Bände wurden in obigen Schemen auch kleine Schriften gezählt, sofern sie für sich ein vollständiges Ganzes bilden. In den Rubriken der Geschenke und Pflichtexemplare ist die Zahl der kleinen Schriften sehr bedeutend.

Hefte sind unvollständige Theile eines Ganzen und reduciren sich mit der Zeit durch den Einband zu Bänden. Blätter sind Einzelblattdrucke, Karten, Tabellen, Photographien u. dgl. Sofern sie durch Umschläge, Cartons oder auch durch festen Einband in ein Ganzes vereinigt worden sind, werden sie in dem Totalbestande als Bände gezählt.

Auf Grund der Zählung des ganzen Bücherbestandes, welche am 16. October 1895 aus Anlass der Scontrirung vorgenommen worden ist, ergibt sich mit Hinzuzählung des Zuwachses bis 31. December folgender Totalbestand am Schlusse des Jahres 1895:

a) Druckschriften:

70.922 Bände
38.578 kleine Schriften
1.496 Hefte Continuanden
3.569 Doubletten
————————————
Zusammen 114.565 Stück.

b) Handschriften 43 Stück.

Unter den 109.500 Stücken (Bände und kleine Schriften), welche den aufgestellten Bestand der Bibliothek darstellen, entfallen in runden Zahlen auf:

Bibliographie u. allg. Literaturwissenschaft	2.200	Stück
Allgemeine Schriften	5.000	„
Allgemeine Sprachwissenschaft und Orientalia	1.700	„
Classische Philologie	4.300	„
Deutsche Philologie	4.000	„
Romanische Philologie .	1.000	„
Slavische Philologie	1.000	„
Rumänische Philologie . . .	850	„
Philosophie	1.900	„
Erziehung und Unterricht . .	1.000	„
Theologie	2.800	„
Rechts- und Staatswissenschaften .	25.000	„
Geschichte und Hilfswissenschaften . .	9.400	„
Geographie und Kartenwerke . .	2.200	„
Mathematik	1.040	„
Naturwissenschaften . .	5.600	„
Medicin	2.450	„
Bucovinensia	1.600	„
Tagesbroschüren . .	1.000	„
Andere Fächer . .	3.500	„
Dissertationen . .	17.000	„
Programme	13.400	„
Vorlesordnungen	1.500	„
Incunabeln und seltene Drucke . . .	64	„

109.504 Stück

Von den auf Bücherankäufe seit 1875 verausgabten 130.611 fl. 44 kr. entfallen auf:

	fl.	kr.	fl.	kr.	Jährlicher Durchschnitt seit 1876[1]	
					fl.	kr.
Bibliographie u. allgem. Literaturgeschichte	—	—	5556	62	267	97
Allgemeine Schriften	—	—	4632	46	231	62
Philologie						
a) Allgemeine u. Orientalische	2762	42	—	—	71	06
b) Classische[2]	11186	76	—	—	381	43
c) Deutsche	6691	82	—	—	274	65
d) Romanische	3051	09	—	—	152	55
e) Slavische	2688	06	—	—	104	86
Zusammen	—	—	26380	15	—	—
Philosophie	—	—	3388	54	123	67
Pädagogik	—	—	1102	59	55	12
Theologie	—	—	4631	72	231	58
Rechts- u. Staatswissenschaften[3]	—	—	26384	34	839	84
Geschichte u. Hilfswissenschaften	—	—	22561	69	1016	32
Geographie und Kartenwerke .	—	—	4405	22	191	51
Mathematik	—	—	4834	29	241	71
Naturwissenschaften						
a) Allgemeines und mehrere Gebiete Umfassendes	5575	89	—	—	262	58
b) Physik und Meteorologie . .	2178	09	—	—	108	90
c) Chemie und Pharmacie . .	4864	48	—	—	243	22
d) Mineralogie, Geologie, Paläontologie	2491	25	—	—	124	56
e) Botanik	4205	35	—	—	210	26
f) Zoologie	6538	80	—	—	326	94
Zusammen	—	—	25853	86	—	—
Bibliothek Fischhof (1875) u. a. .	—	—	879	94	—	—
Summe	—	—	130611	42	—	—

[1] Die in den Jahren 1875 und 1876 aus dem Gründungsfonds gemachten Anschaffungen konnten selbstverständlich bei der Berechnung des jährlichen Durchschnittes nicht in Betracht kommen. Für das Jahr 1876 sind dieser Rubrik im Ganzen 6673 fl. 23 kr. zu Grunde gelegt worden.

[2] Mit Einschluss der Vielhaber'schen Bibliothek (1875).

[3] Mit Einschluss der Bibliotheken Roth, Rosshirt und Krainz (1875—76).

Von den in den letzten 11 Jahren angeschafften
Werken mögen nachstehende, besonders kostspielige Erwerbungen genannt werden:

1885: Archiv für Geographie, Historie . . . von Hormayr,
complet sammt Fortsetzungen 100 fl. 76 kr.

1886: Nova acta academiae Leopoldino-Carolinae IX
—XLVII, 815 Mark. mit den Fortsetzungen bis 1895
1283 Mark.

Lagrange, Oeuvres publ. par Serret I—X und XIII,
220 Mark, mit Fortsetzung XI, XII, XIV, 264 Mark.

Graesse, Trésor des livres rares et précieux, 180 Mark.

1887: Brunet, Manuel du libraire. 5e éd., 311 Mark 10 Pf.

Codex diplomaticus Poloniae et Lithuaniae ed. Dogiel,
225 Mark.

De Candolle, Prodromus systematis naturalis. Paris
1824—73, 100 fl.

Ughelli, Italia sacra. Ed. II, 180 Mark.

1888: Monumenta historiae patriae. Augustae Taurino-
rum I—XVII, 630 Francs.

1889: Heinsius, Allgemeines Bücherlexikon I—XVII.
300 Mark, mit Fortsetzung XVIII, XIX, 393 Mark
45 Pf.

1891: Zeitschrift für allgemeine Erdkunde 1854—90,
213 Mark.

Verhandlungen der Versammlung deutscher Philologen
I—XL, 190 Mark, mit Fortsetzung XLI—XLII, 222 Mark
40 Pf.

Hieronymus Eusebius, Opera. Veronae 1734—42,
166 Mark 50 Pf.

1892: Thesaurus antiquitatum graecarum et romanarum
ed. Graevius et Gronovius. Lugduni 1723—25, mit allen
Supplementen 81 Bände, 640 Francs.

Mionnet, Description des medailles antiques. Paris
1806—37, 600 Mark.

Bibliotheca botanica I—XXVI. Cassel 1887—91. 438
Mark, mit Fortsetzung XXVII XXXII, 544 Mark
48 Pf.

1893: Recueil des historiens des Gaules et de la France I—XIX, 190 fl. 16 kr., mit Fortsetzung XX—XXIII, 251 fl. 56 kr.

Sbornik statej . . . ruskago jazyka i slowesnosti . . . XVII— XLIX und LI—LIII (Completirung), 114 fl. 92 kr., mit Fortsetzung bis 1895, 136 fl. 70 kr.

1894: Fauna und Flora des Golfes von Neapel I—XVII, XIX—XXI, 1050 Mark.

Baillon, Histoire des plantes I—XII, 252 Francs.

1895: Fejer, Codex diplomaticus Hungariae, complet mit allen Supplementen, 686 fl.

Histoire littéraire de la France XVI—XXIII (Completirung), 189 Francs.

Russkij filologičeskij wěstnik (theilweise Completirung) III—XIV, XXI—XXVIII und XXXI—XXXIV, 113 fl. 50 kr.

Ergebnisse der Plankton-Expedition 164 Mark 74 Pf.

Ausserdem wurden mit geringerem Aufwande das Journal für reine und angewandte Mathemathik von Crelle, das Jahrbuch der k. k. geologischen Reichsanstalt und die Mittheilungen der k. k. Centralcommission zur Erhaltung und Erforschung der Baudenkmale durch Nachschaffung vergriffener Jahrgänge zu vollständigen Exemplaren ergänzt.

Unter den Schenkungen sind zunächst die im Jahre 1890 eingelaufenen prachtvoll ausgestatteten Monographien von Hernstein — 8 Bände — hervorzuheben, welche im Auftrage Seiner kaiserlichen Hoheit des Durchlauchtigsten Herrn Erzherzogs Leopold durch Vermittlung der k. k. Familien-Fideicommissbibliothek herablangten.

Die numerisch bedeutendste Schenkung, welche der Bibliothek seit ihrem Bestande, und zwar auch mit Einschluss der Periode der Landesbibliothek, zugekommen ist — 2249 Bände, 81 Hefte und 51 Blätter — ist die im Jahre 1890 eingelaufene Büchersammlung des verstorbenen Universitätsprofessors und Reichsrathsabgeordneten Dr. Constantin Tomaszczuk.

Auf Wunsch der Frau Geschenkgeberin, der Witwe des Verstorbenen, und mit behördlicher Genehmigung wurde diese Büchersammlung als ein besonderes Ganzes mit der Aufschrift „Bibliotheca Tomaszczuk" aufgestellt.

Die Geschenkgeberin überliess mit den Büchern auch die dazu gehörigen Gestelle, welche zwar in den inneren Räumen keine Verwendung finden konnten, dagegen in dem Professorenlesezimmer vorzügliche Dienste leisten.

Inhaltlich bietet diese in einem musterhaften Zustande übernommene Bibliothek, abgesehen von den Fachdisciplinen des Verstorbenen (Civilprocess, Handels- und Wechselrecht und Rechtsphilosophie), auch eine reiche Sammlung von Tages- und Gelegenheitsbroschüren, betreffend das parlamentarische Leben des Staates in den letzten zwanzig Jahren, ferner eine sehr werthvolle Sammlung amtlicher Materialien aus derselben Periode, endlich auch eine die hiesigen Bestände vielfach ergänzende Sammlung von Bukowiner Drucken.

Unter den sonstigen Schenkungen sind in chronologischer Ordnung zu erwähnen:

1885: Von der Universität München 572 Stück Dissertationen, Habilitations- und gekrönter Preisschriften.

1886: Aus dem Nachlasse des Handelskammerpräsidenten W. v. Alth 127 Bände pharmaceutischen Inhaltes.

Von der Redaction der Zeitschrift „Dilo", vom Sewčenkovereine und von Prof. E. Partycki in Lemberg 62 Bände Ruthenica, denen in den Jahren 1890—95 weitere Sendungen nachfolgten.

Von dem Buchhändler A. Juszyński in Czernowitz 30 Bände, darunter Kremer, Podróż do Włoch, Wilno 1859—64 und die Prachtausgabe des Virgilius von Heyne-Wagner, Lipsiae 1830—41.

Von Herrn E. Rosenzweig eine werthvolle Sammlung von Statuten und Jahresberichten Czernowitzer Vereine (84 St.)

1887: Von dem Regierungsrathe und Universitätsprofessor in Graz Dr. K. Friesach 72 Bände naturwissenschaftlichen und philosophischen Inhaltes.

— 14 —

Von dem hohen k. k. Unterrichtsministerium 104 Bände
einer Büchersammlung, welche in den Fünfziger- und Sechzigerjahren für in Wien studirende Lehramtscandidaten
auf Kosten des griechisch-orientalischen Religionsfonds
angeschafft worden war.

1888: Von der k. k. Universitätsbibliothek in Graz
278 Stück Doubletten, denen aus früheren und folgenden
Jahren 32 weitere Stücke — darunter 2 Incunabeln —
hinzuzuzählen sind.

1890: Von der k. k. Universitätsbibliothek in Wien
153 Stück Doubletten, zusammen mit einer früheren
Schenkung 161 Stück.

1891: Aus dem Nachlasse des Finanzrathes und Privatgelehrten F. A. Wickenhauser 184 Bände historischen
und sprachwissenschaftlichen Inhaltes, worunter sich auch
manche seltene Stücke befanden.

Von Prof. Dr. J. Hilberg unter anderem 51 Bände der
Zeitschrift „Revue des deux mondes" und des „Annuaire"
1855—61.

Vom Scriptor Dr. A. Bucher 8 slavische Handschriften
liturgischen Inhaltes aus dem 16. und 17. Jahrhundert.

1893: Aus dem Nachlasse des Universitätsprofessors
und Regierungsrathes W. Matzka in Prag 57 Bände mathematischen Inhaltes.

Ausserdem schenkten die hiesigen Universitätsprofessoren Regierungsräthe Dr. F. Kleinwächter und Dr. F. v.
Schuler-Libloy und der Amanuensis Dr. R. Wolkan wiederholt kleinere und auch grössere Partien, die sich im
Laufe der Jahre zu beträchtlichen Ziffern summiren.

Eigene Schriften schenkten u. A. nachstehende Verfasser, beziehungsweise Herausgeber: Die Dichterin Freifrau M. v. Ebner-Eschenbach (gesammelte Schriften,
6 Bände gebunden), Universitätsprofessor Dr. J. Kopallik,
Wien (Regesten, 2 Bände gebunden), Universitätsprofessor
Dr. J. Loserth (Wiclif, Sermones, De ecclesia, Opus evangelicum, De Eucharistia u. a.), Med. Dr. J. Olpiński, Trembowla (Zbiór ustaw, 3 Bände), Dichter A. J. Pfungst (Las-

karis, Lose Blätter, Die Leuchte Asiens, gebunden), Ex
cellenz Bischof A. v. Roskovany (Supplementa ad collec-
tiones monumentorum . . ., 10 Bände), Oberbaurath Dr. H
Scheffler, Braunschweig (15 Bände mathematischer und
physikalischer Werke), G. Timuş-Piteşténu (Tetravan-
ghelul diacon. Coresi), E. A. Ziffer (Localbahnen in Galizien
und Bukowina).

Der königlich rumänische Unterrichtsminister Excellenz
Demeter Stourdza schenkte das Prachtwerk: Biserica epis-
copală a mănăstirei curtea de Argeş. Bucuresci 1886;
das Domcapitel in Gran: Knauz N. A Garan-Melletti
Szent- Benedeki Apátság; der Beamtenverein in Wien
und die Redaction der Schlesischen Zeitung in Breslau
ihre reich ausgestatteten Festschriften (1890 und 1892),
endlich der Stadtmagistrat in Kronstadt: Beiträge zu einer
Monographie . . . (1892).

Schätzenswerthe Verlagskataloge über grössere Zeiträume ihrer Thätigkeit überliessen meist in gebundenen
Exemplaren nachstehende Firmen: Barth (1881), Brockhaus, Duncker und Humblot, Gebethner und Wolff,
Guttentag, Friedländer (auch Bibliotheca historica-naturalis
1883 und 1886), Hölder, Tempsky (auch Verzeichniss der
Akademieschriften).

Die Akademien der Wissenschaften in Agram,
Bukarest, Krakau, Leipzig, München, Petersburg und Wien
schenkten wie in dem verflossenen, so auch in diesem
Zeitraume ihre laufenden Publicationen. Die königlich
rumänische Akademie der Wissenschaften in Bukarest
übersendet u. a. auch das monumentale Werk: Documente
privitóre . . . la istoria Românilor, die Akademie der
Wissenschaften in Krakau ausser den Sitzungsberichten
und Denkschriften eine Reihe belangreicher Werke, als:
Atlas geologiczny Galicyi, Biblioteka pisarzów polskich,
Monumenta medii aevi historica, Sprawozdania do badania
historyi sztuki w Polsce u. a.

Hinzugekommen ist im Jahre 1893 die neugegründete
königlich böhmische Akademie der Wissenschaften mit

einer Schenkung von 20 Bänden, denen sich die seither
erschienenen Fortsetzungen anschliessen.

Nachstehende deutsche Universitäten übersenden fort-
laufend ihre akademischen Schriften: Berlin, Bonn, Breslau,[1]
Erlangen, Freiburg,[1] Göttingen, Giessen, Greifswald,[1] Halle,
Jena, Kiel,[1] Königsberg, Leipzig (seit 1890/91), Münster,[1]
Rostock, Tübingen.[1]

Daran reihen sich die schweizerischen Universitäten:
Basel,[1] Bern, Freiburg, Zürich; die russischen: Charkow
(Travaux des sciences physico-chimiques), Dorpat,[1] Odessa
(Zapiski), Petersburg (Otčet, Godičnyj akt, Protokoly u. a.),
Warschau (Izwěstija)[1]; die französische: Lille (Travaux);
die italienischen: Padua und Pisa (Annuario); die ameri-
kanischen: Santiago (Anales), Lincoln (University-Studies);
die australische: Melbourne (Calendar). Von der Universität Krakau kamen: Album studiosorum und Acta
rectoralia; von Graz die jährlichen Festschriften; von
Wien: Aschbach, Geschichte III und Jahrbuch.

Festschriften liefen ein von Kiew 1884, Heidelberg
1886, Lausanne 1891, Padua 1892, Halle, Lemberg, Königsberg 1894, Graz 1895; ausserdem von der Bergakademie
in Leoben 1890 und der k. k. Akademie der bildenden
Künste in Wien 1892.

Von nachstehenden wissenschaftlichen Vereinen, beziehungsweise Instituten und Redactionen erhielt die
Bibliothek fortlaufende Zusendungen:

a) Inländische:

Verein für Geschichte der Deutschen in Böhmen,
naturwissenschaftlicher Verein Lotos, historischer Verein
für Steiermark. naturwissenschaftlicher Verein für Steiermark, Verein für siebenbürgische Landeskunde, Verein zur
Verbreitung naturwissenschaftlicher Kenntnisse in Wien,
zoologisch-botanische Gesellschaft in Wien, mährisch-
schlesische Gesellschaft zur Beförderung des Ackerbaues,
Juristenverein in Prag, Šewčenkoverein in Lemberg, Lese-

[1] Seit 1876.

und Redehalle deutscher Studenten in Prag, Ruthenisches
Nationalhaus in Lemberg, Fischereiverein in Wien, Redaction der Zeitschrift für Notariat und freiwillige Gerichts-
barkeit in Wien (seit 1878).

b) Ausländische:

Esthnische Gesellschaft in Dorpat, Gesellschaft der
Naturforscher in Moskau, Gesellschaft der Naturforscher in
Petersburg, Comité der nordatlantischen Expedition, Verein
für Naturkunde in Cassel, norwegische Commission für euro-
päische Gradmessung, Commission der internationalen Erd-
messung, Redaction der Hamburgischen wissenschaftlichen
Anstalten, Smithsonian Institution, Bureau of Education,
Surgeon General's office, Departement of Agriculture,
U. S. Geological Survey, American Historical Association
(sämmtlich in Washington), Wisconsin Academy of Sciences
in Madison, Missouri Botanical Garden in St. Louis, Tufts
College Library in Boston, Jowa Geological Survey in Des
Moines, Missouri Geological Survey, Field Columbian
Museum in Chicago, Sternwarten in München, Rom und
New Haven (Yale-University), Redactionen der Naturae
novitates, der Hochschulnachrichten und der Leopoldina.

Einmalige Sendungen kamen:

Vom Museum Francisco-Carolinum in Linz (Urkunden-
buch des Landes ob der Enns I—VIII), vom naturhistorischen Landesmuseum in Kärnten (Jahrbuch IV—XXXVI),
vom Volksschriftenverein in Wien (Jahrbuch 1877—88 u. a.),
vom Kaczkowskiverein in Lemberg (Izdanija 88—130), von
der Associatiune transsilvana pentru literatura ... in Hermannstadt (Foia 1875—86), vom Vereine zur Verbreitung
gemeinnütziger Kenntnisse in Prag (Sammlung gemeinnütziger Vorträge 122—152), vom naturforschenden Verein
in Brünn (Verhandlungen XXXI ff. und Bericht der meteorologischen Commission IX ff.), vom Comité der Versammlung deutscher Philologen (1893), des internationalen Con-
gresses für Hygiene und Demographie (1888) und von der
Centralcommission für die Weltausstellung in Chicago
(1895) in Wien, vom Comité der Budapester Ausstellung

1886, vom königlich sächsischen statistischen Bureau (Zeitschrift, 39 Hefte zur Completirung und laufende Fortsetzung), vom Vereine für Erdkunde in Dresden (Jahresberichte XVI—XXI), vom norwegischen meteorologischen Institut (Internationale Polarforschung), vom bulgarischen Unterrichtsministerium (Sbornik za narodni umotworenija ... I.), von der Dirección General de Estadística in Buenos Ayres, vom Museo Nacional de Rio de Janeiro und de Costa Rica, von der Academia Nacional de Ciencias de la República Argentina in Córdoba (Boletin VI—XI).

Unter den Schenkungen der k. k. und autonomen Behörden waren am zahlreichsten jene des k. k. Ministeriums für Cultus und Unterricht. Von diesem kamen fortlaufend: Mittheilungen der anthropologischen Gesellschaft, Monatsblatt der numismatischen Gesellschaft, Zeitschrift für Meteorologie, Numismatische Zeitschrift, Kalender und statistisches Jahrbuch für Sachsen, Quellen und Forschungen zur Geschichte, Litteratur und Sprache Oesterreichs, Verordnungsblatt (seit 1891) und die Programme von Preussen, Sachsen, Württemberg und Baden.

Unter den einmaligen Zusendungen sind zu erwähnen: Benndorf und Niemann, Reisen im südöstlichen Kleinasien; Conze, Hauser und Niemann, Archäologische Untersuchungen auf Samothrake; Opere di Galileo Galilei; Chartularium universitatis Parisiensis von Denifle und Chatelain; Chlingensperg - Berg, Gräberfeld von Reichenhall; Penk, Atlas der österreichischen Alpenseen; Carte géologique internationale de l'Europe.

An das k. k. Ministerium für Cultus und Unterricht schliessen sich alle anderen diesseitigen Ministerien, Statthaltereien und vertretenden Körper mit ihren fortlaufenden, statistischen und legislativen Publicationen.

Die Landesausschüsse von Böhmen, Galizien und Mähren übersenden ausserdem die auf ihre Kosten erscheinenden werthvollen, wissenschaftlichen Publicationen, die k. k. galizische Statthalterei die Zeitschrift „Przewodnik naukowy i literacki".

Ausserdem kommen fortlaufende Zusendungen von nachstehenden staatlichen Anstalten: Von der statistischen Centralcommission, der Centralcommission zur Erhaltung und Erforschung der Baudenkmäler, der Versuchsstation für Wein- und Obstbau in Klosterneuburg, der forstlichen Versuchsanstalt in Mariabrunn, den Sternwarten in Prag und Wien, dem astronomisch-meteorologischen Observatorium in Triest, dem Gradmessungsbureau, dem militärgeographischen Institut, dem hydrographischen Centralbureau, der Arbeiter-Unfallversicherungsanstalt in Lemberg.

Das königlich ungarische statistische Bureau und das statistische Bureau der Stadt Pest, übersenden regelmässig ihre Publicationen, die Handelskammern von Bozen, Budweis, Brünn, Czernowitz, Eger, Leoben, Linz, Olmütz, Prag, Salzburg, Troppau, Wien, theils direct, theils durch Vermittlung des Unterrichtsministeriums ihre Berichte und statistischen Arbeiten.

Das Magistratspräsidium in Wien überliess die Verwaltungsberichte von 1877—88, das griechisch-katholische bischöfliche Consistorium in Przemyśl seine fortlaufenden Schematismen, endlich die Oesterreichisch-ungarische Bank und die Actienhypothekenbank in Lemberg complete Reihen ihrer Jahresberichte.

Fast von allen Mittelschulen der diesseitigen Reichshälfte, ferner von den evangelischen Obergymnasien in Bistritz, Hermannstadt, Kronstadt und Sächsisch-Regen, von dem griechisch-orientalischen rumänischen Obergymnasium in Kronstadt, von der Gewerbeschule in Bistritz, endlich von dem Institut pedagogico-teologic und der Scóla civilă de fete in Hermannstadt kommen regelmässige Programmsendungen.

Im Wege des Tausches wurden seit dem Bestande der Universitätsbibliothek im ganzen 842 Stück Doubletten abgegeben, wofür 943 Stück einliefen, so dass sich der ziffermässige Ueberschuss zu Gunsten der Anstalt auf 101 Stück beläuft. Der Tausch wurde vornehmlich mit Staatsanstalten vollzogen, inbesondere mit den Universitätsbibliotheken in Prag, Graz und Innsbruck und mit den Studienbibliotheken in Klagenfurt, Olmütz und Salzburg.

β) Verminderung.

1. Aus dem Doublettenvorrathe wurden seit dem Bestande der Anstalt 809 Stück, darunter 489 Stück an Staatsanstalten verkauft. Der dafür erhaltene Betrag beläuft sich auf 355 fl. 12 kr.

929 Stück Doubletten wurden an andere Staatsbibliotheken unentgeltlich abgegeben, und zwar:

		Stück
1877. An das rechtswissenschaftliche Seminar in Czernowitz		231
1886. An die Universitätsbibliothek in Wien	286	„
An die Universitätsbibliothek in Prag	107	„
An das statistische Seminar in Czernowitz	17	„
1887. An die Universitätsbibliothek in Graz	92	„
An die Universitätsbibliothek in Lemberg	83	„
An die Universitätsbibliothek in Innsbruck	25	„
1895. An das canonistische Seminar in Czernowitz	34	„
An das philologische Seminar in Czernowitz	54	„
		929 Stück

Die Gesammtzahl der durch Tausch, Verkauf und unentgeltlich abgegebenen Doubletten beläuft sich seit dem Bestande der Anstalt auf 2580 Stück.

Ausserdem wurden im Jahre 1890 mit behördlicher Genehmigung 18 Stück aus dem Nachlasse des Regierungsrathes Anton Stockera stammender Herbarien an das botanische Institut und 4 Stück Medaillen an das Münzencabinet der hiesigen Universität unentgeltlich abgegeben.

2. Die im Wege der Bücherrevisionen wahrgenommenen Abgänge belaufen sich seit dem Bestande der Anstalt auf 34 Stück durchwegs minderwerthiger Schriften

3. Organisationsarbeiten.

In den Gründungsjahren 1875—76 wurden drei grössere Bücherbestände mit selbständigen Signaturen nebeneinander aufgestellt:

a) Die Landesbibliothek mit 15.544 Stücken;

b) die Roth'sche Bibliothek mit 8291 Stücken;

c) der instructionsmässig signirte Theil der Bibliothek, in welchen der sonstige Büchereinlauf zusammenfloss.

Neben diesen Hauptabtheilungen gab es eine Reihe kleinerer Bestände, welche aus verschiedenen Gründen theils nach dem Alphabete der Ordnungsworte, theils nach anderen Grundsätzen unsignirt aufbewahrt wurden. Alle diese Theilbestände haben zwar mit verhältnissmässig geringen Ausnahmen im alphabetischen Kataloge ihre Vereinigung gefunden, doch waren die für einzelne Partien eingelegten Zettel nicht gleichwerthig.

Die Abschriften des Kataloges der Landesbibliothek waren zum mindesten revisionsbedürftig, jene des systematischen Kataloges der Roth'schen Bibliothek und der Verzeichnisse der Vielhaber'schen und Krainz'schen Büchersammlungen so ungenau, dass eine Neukatalogisirung dieser Bestände von vornherein in Aussicht genommen wurde. Endlich waren auch über den instructionsmässig signirten Theil der Bibliothek grössere Partien provisorischer Zettel verfasst worden, deren Ersatz durch regelrechte einem späteren Zeitpunkte überlassen werden musste.

Aus dieser Sachlage ergab sich die Richtung der Organisationsarbeiten von selbst. Es waren einerseits die einzelnen Theilbibliotheken mit dem instructionsmässig signirten Theile der Bibliothek zu vereinigen, andererseits der alphabetische Katalog durch Einlegen regelrechter Zettel an Stelle der provisorischen zu vervollkommnen. Beide Arbeiten gehen in der Regel unter Einem vor sich, indem gelegentlich der Umsignirung eines Werkes die betreffenden Zettel revidirt, beziehungsweise neu geschrieben werden und umgekehrt.

Die Landesbibliothek besteht nach dem letzten Scontrirungsacte (1895) gegenwärtig noch aus 10.502 Stücken; es wurden somit bisher 5042 Stücke dieser Bibliothek dem instructionsmässig signirten Theile der Bibliothek einverleibt. Davon entfallen 1820 Stück auf die Hormuzaki'sche und Mustazza'sche Schenkung, welche bei der Uebernahme überhaupt noch nicht signirt waren. Von den restlichen 3222 Stücken entfällt nur ein Drittel auf solche Disciplinen, welche in dem Bestande der Landesbibliothek ganz aufgelöst wurden (Mathematik, Literaturwissenschaft und Stilistik, Altclassische Autoren, Bucovinensia), zwei Drittel enthalten Bruchstücke aus verschiedenen Fächern, zu deren Bearbeitung theils Completirungen, theils Ausscheidungen als Doubletten, theils andere Umstände Anlass gegeben haben.

Von der Roth'schen Bibliothek sind derzeit noch 2524 Stück kleiner Schriften selbständig aufgestellt. 5767 Stück dieser Bibliothek sind bereits dem allgemeinen Bücherbestande einverleibt worden.

Von kleineren Theilbeständen wurden aufgearbeitet: Ungefähr 1200 Stück aus der Rosshirt'schen Bibliothek stammender Dissertationen, 1066 Stück Gesetzblätter und Verhandlungen gesetzgebender Körper, 954 Stück alphabetisch geordneter ungebundener Werke, 139 Stück Armeniaca.

Durch Zusammenfassung aller Ziffern und Hinzuzählung der jedenfalls als ausserordentlicher Einlauf anzusehenden Tomaszczuk'schen Schenkung — 2381 Stück — erhält man die Gesammtsumme von 16.549 Stücken, welche seit ungefähr 1878 neben dem ordentlichen Einlaufe regelrecht bearbeitet wurden. Bei Zugrundelegung einer 18jährigen Periode ergeben sich als Durchschnitt für die jährliche Mehrleistung 920 Stück.

Die Arbeiten an der Revision und Vervollkommnung des alphabetischen Zettelkataloges reichen jedoch weit über diejenigen Gebiete hinaus, welche die eben erwähnten Umsignirungen, beziehungsweise Neubearbeitungen umfassen. Es wäre auch ein vergeblicher Versuch dieselben ziffermässig bestimmen zu wollen. Der alphabetische Katalog ist im eigentlichen Sinne des Wortes allgemein, d. h. es gibt — ausgenommen 120 Stück Hebraica —

auch nicht die geringste Broschüre, welche in demselben nicht ihre Aufnahme gefunden hätte.

Seit dem Jahre 1893 erstreckt sich dieser Katalog auch über die ganze aus 6000 Bänden bestehende Bibliothek der griechisch-orientalischen theologischen Facultät, indem gelegentlich der Neubearbeitung dieser Bibliothek durch den Praktikanten unserer Anstalt über jene Werke, welche in der Universitätsbibliothek nicht vorhanden waren, je ein Zettel — im Ganzen mehr als 4000 — für den Gebrauch der Universitätsbibliothek verfasst wurde.

Auf diese Weise bietet der Katalog der Universitätsbibliothek eine willkommene Auskunft über die Bestände jener mit der Universität so eng verbundenen, auf dem Gebiete der Theologie und der damit zusammenhängenden Disciplinen überaus reichhaltigen Fachbibliothek und ermöglicht andererseits auch eine zuverlässige Controle zur Vermeidung von Doppelanschaffungen.

Auf die Principien der Katalogisirung haben theils die im Laufe der Zeit gemachten Erfahrungen, theils die vielen Erörterungen, welche seit dem Erscheinen des Centralblattes für Bibliothekswesen (1884) die Fachkreise in Bewegung setzten, vielfach bestimmend gewirkt. Insbesondere hat die 1886 erschienene Instruction von Dziatzko und die 1892 erschienene „Instruction für die Herstellung der Zettel des alphabetischen Kataloges" der königlichen Bibliothek in Berlin, endlich auch die von dieser letzteren Anstalt seit 1892 herausgegebenen Verzeichnisse der erworbenen Druckschriften Anlass gegeben, dass auch die hierortige Instruction einer Neubearbeitung unterzogen wurde. Es wird beabsichtigt, diesen neuen, aus 226 Paragraphen bestehenden Entwurf nach eingeholter behördlicher Genehmigung im Druck zu veröffentlichen

Für die Katalogzettel der an deutschen Universitäten erscheinenden Schriften und der Programme deutscher Schulanstalten, werden seit 1887, beziehungsweise 1890 die von der königlichen Bibliothek in Berlin herausgegebenen, einseitig bedruckten „Jahresverzeichnisse" in Anwendung gebracht.

Das fortlaufende Nummernrepertorium, welches am Schlusse des Jahres 1884 bis 12.569 reichte, erstreckt sich gegenwärtig über die Nummern 1—33.266 und über 35.001 bis 35.363, es wurde somit in den letzten 11 Jahren um 21.060 Nummern weitergeführt, um 8491 Nummern mehr als in der 10jährigen Periode 1875—84.

Davon wurden allerdings 5000 Nummern (20.001—25.000) durch Einkleben der aus den einseitig bedruckten Jahresverzeichnissen der Dissertationen herausgeschnittenen Titel zu Stande gebracht, ein Verfahren, von welchem seit 1892 Abstand genommen wurde. Von diesem Jahre an werden die Jahresverzeichnisse selbst als Inventar über eingegangene Dissertationen eingerichtet.

Das Repertorium der Incunabeln und werthvollen alten Drucke erstreckt sich gegenwärtig über die Nummern 1—64, jenes der Handschriften über die Nummern 1—34.

Von besonderer Wichtigkeit sind die Arbeiten, welche zur Herstellung eines systematischen Kataloges unternommen wurden. Das Material für diesen Katalog bilden die zweiten Zettel, welche seit 1878 über den gesammten Einlauf und gelegentlich der Neubearbeitung älterer Bestände auch über diese letzteren verfasst werden.

Dieses Material umfasst gegenwärtig alle in das Nummernrepertorium eingetragenen Werke (1—33.266, 35.001 bis 35.363); ferner alle (13.390 Stück) Programme, endlich auch alle Dissertationen, sofern dieselben nicht ohnehin schon in das Nummernrepertorium aufgenommen worden sind, im Ganzen ungefähr drei Viertel des gesammten Bücherbestandes.

Mit der Sortirung dieser Zettel wurde im Jahre 1884 begonnen, doch ist diese Arbeit schon gegen Ende des Jahres 1887, zufolge der damals eingetretenen, beinahe anderthalb Jahre währenden Vacanz des Scriptorspostens und zufolge des ungewöhnlich grossen Einlaufes des Jahres 1890 (Tomaszczuk'sche Schenkung) ins Stocken gerathen. Erst nach Vermehrung der Arbeitskräfte durch

Systemisirung einer Praktikantenstelle (1891), konnten die begonnenen Arbeiten wieder aufgenommen werden.

Gegenwärtig sind nachstehende Rubriken mit grösserer oder geringerer Genauigkeit fertiggestellt und stehen dem lesenden Publicum in Zettelform zur Verfügung:

1. Auctores classici graeci et latini. — Ausgaben und Erläuterungsschriften nach dem Alphabete der Autoren, nahezu ganz vollständig.

2. Neuere Philologie mit Ausnahme des Slavischen und Rumänischen.

3. Philosophie.

4. Pädagogik.

5. Culturgeschichte und allgemeine Religionswissenschaft.

6. Theologie.

7. Rechtswissenschaft.

8. Staatswissenschaften.

9. Historische Hilfswissenschaften.

10. Geschichte.

11. Naturwissenschaften.

Der Classificirung der Zettel wurde im Grossen und Ganzen das im Jahre 1888 erschienene „Schema des Realkataloges der königlichen Universitätsbibliothek zu Halle (O. Hartwig)" zu Grunde gelegt, doch wurde in dasselbe für die Rechts- und Staatswissenschaften das System des Kataloges der Bibliothek des Reichsgerichtes von K. Schultz, Leipzig 1882, eingeschoben.

In das Gebiet der Organisationsarbeiten gehören gewissermassen auch die Bücherrevisionen, die Ausscheidung und Weggabe der Doubletten, endlich auch die Buchbinderarbeiten.

Die Bücherrevisionen werden jedes dritte Jahr vorgenommen und erstrecken sich jedesmal über den gesammten Bücherbestand.

Sie haben nicht bloss den Zweck, etwa vorkommende Abgänge wahrzunehmen, sondern auch Uncorrectheiten in den Katalogen und der Aufstellung richtigzustellen. Sie

pflegen durch volle zwei Monate das ganze Bibliotheks-
personal in Anspruch zu nehmen.

Die Zahl der seit dem Bestande der Anstalt ausgeschiedenen Doubletten beläuft sich auf 6149 Bände, wovon laut Capitels „Verminderung" 2580 Stück weggegeben
wurden. Diese Ziffern versinnlichen eine nicht unbedeutende
Arbeitsleistung, wenn man bedenkt, dass die Ausscheidung
selbst nicht ohne sorgfältigen Vergleich mit dem bezüg-
lichen Unicate geschehen darf und dass der Weggabe
eine Reihe von umständlichen Manipulationen vorangeht,
als: Bestimmung der Preise, Herstellung und Vervielfäl-
tigung der Verzeichnisse und vielfache Correspondenzen
mit den das Vorrecht des Bezuges besitzenden Staatsanstalten.

Die Zahl der in der elfjährigen Periode 1885—95 zum
Einbande abgegebenen Bände beträgt 19.607, die Zahl der
seit dem Bestande der Anstalt gebundenen 36.152, der
jährliche Durchschnitt der zwanzigjährigen Periode 1876—95
1758 Bände.

Dem drückenden Raummangel, welcher die Bibliothek
seit ihrem Bestande belästigt hatte, wurde im December
des Jahres 1888 ein vorläufiges Ende gemacht, indem nach
Erbauung eines eigenen Gebäudes zur Unterbringung
mehrerer Universitätsinstitute und eines solchen für die
Lehrerbildungsanstalt die von dieser letzteren innegehabten
Räume frei geworden sind.

Bei dieser Gelegenheit wurden sowohl die Bücherräume als auch die Amts- und Lesclocalitäten ausgiebig
erweitert. Leider war es auch damals nicht möglich, ein
dem Zwecke ganz entsprechendes allgemeines Lesezimmer
zu schaffen.

Im Jahre 1894 wurde durch innere Adaptirungen neben
dem für Universitätsprofessoren bestehenden sehr vor-
theilhaft gelegenen Lese- und Zeitschriftenzimmer noch
ein reservirtes einfenstriges Arbeitszimmer hergestellt.

Im December 1890 wurden die neu hinzugekommenen
Magazinsräume mit der ersten Partie von Büchergestellen

belegt, eine zweite kam im Jahre 1892, eine dritte im
Jahre 1895 hinzu.

Bei den im Jahre 1895 beschafften Gestellen wurden
versuchsweise nach Ständer'schem System verlegbare
Fachbretter in Anwendung gebracht, und es sind die damit
gemachten Erfahrungen bisher zufriedenstellend.

Im Jahre 1892 wurden die neu hinzugekommenen
Bücherräume mit eisernen Fensterläden versehen: ein
Personenaufzug für den Verkehr zwischen den oberen und
unteren Räumen wurde im März 1894 hergestellt.

Durch die Büchergestelle, deren Anschaffung laut
Capitels „Einnahmen und Ausgaben" für das Jahr 1897 in
Aussicht genommen wurde, werden die letzten noch ver-
fügbaren Wandflächen belegt werden.

Die Frage der Erweiterung der inneren und wohl auch
der äusseren Räume wird daher schon in naher Zukunft
aufgerollt werden müssen, doch dürften die Aussichten auf
ein neues, den modernen Grundsätzen der Architektonik
entsprechendes Bibliotheksgebäude noch in weiter Ferne
liegen.

4. Benützungsstatistik.[1]

Seit 1. October 1894 wurden im Einvernehmen mit
dem akademischen Senate auch in den Wintermonaten
nachmittägige Lesestunden eingeführt. Die Bibliothek ist
demnach geöffnet:

Vom 1. October bis 31. Januar von 9—1 und von
2—4 Uhr;

vom 1. Februar bis 30. April von 9—1 und von
3—5 Uhr;

vom 1. Mai bis 31. Juli von 9—1 und von 4—6 Uhr.[2]

---

[1] Die statistischen Angaben dieses Abschnittes umfassen den Zeitraum
vom 1. Januar 1885 bis 30. September 1896.

[2] Mit hohem Unterrichtsministerialerlasse vom 22. Juli 1894. Z. 10418.
wurden für die k. k. Universitätsbibliothek in Czernowitz nachstehende Ferial-
tage genehmigt:

a) Die Sonntage und gebotenen Feiertage des römisch-katholischen und
des griechisch-orientalischen Kalenders;

In den Ferienmonaten August und September wird
das Lesezimmer zweimal wöchentlich, d. i. an Dienstagen
und Freitagen von 9—1 Uhr offen gehalten, doch wird
auch an den übrigen Wochentagen der Zutritt gestattet.
Nur in den Scontrirungsjahren wird die Bibliothek
vom 1.—15. August für den äusseren Verkehr ganz geschlossen.

Es folgen nachstehende tabellarische Uebersichten
der Benützung.

a) Statistik des allgemeinen Lesezimmers.

Im Jahre	Zahl der Personen	davon waren			Zahl der Bände	davon wurden	
		Leser	Ent-lehner	Leser u. Ent-lehner zugleich		gelesen	entlehnt
1885	2218	967	589	662	8883	6215	2068
1886	2371	1044	628	699	8915	6282	2633
1887	2088	873	596	619	8555	6053	2502
1888	1951	984	400	567	8144	5780	2364
1889	2502	1207	568	727	9219	6550	2669
1890	2414	1081	556	777	7890	5315	2575
1891	2273	1005	640	628	7438	4989	2449
1891/2¹	2235	1171	533	531	7783	5943	1840
1892/3¹	2730	1512	530	688	9186	7195	1991
1893/4¹	3020	1518	284	1218	12192	9176	3016
1894/5¹	3664	1800	351	1513	12946	9190	3756
1895/6¹	3947	2345	480	1122	14741	11754	2987

Die Benützung im Professorenzimmer entzieht sich
zwar jeder Controle, es kann aber angenommen werden,
dass sie, wenn auch nicht hinsichtlich der Zahl der Personen, so doch hinsichtlich der Zahl der begehrten Werke
jener des allgemeinen Lesezimmers gleichkommt.

Es kann also angenommen werden, dass im Studienjahre 1895/96 in beiden Lesezimmern für Lese- und Ent-
lehnungszwecke rund 30.000 Bände verabfolgt wurden.

b) der 24. December und 5. Januar;
c) vom Freitag in der Charwoche bis einschliesslich zum Osterdienstage,
und zwar nach beiden Kalendern;
d) der Geburtstag Seiner Majestät des Kaisers;
e) der Rectorstag;
f) der 4. October.
¹ Studienjahre.

b) Statistik der Gesammtentlehnungen.

Im Jahre	Zahl der entlehnten Bände	davon entfallen auf				Zahl der versendeten Pakete
		Universitätsprofessoren	Hochschüler	Andere Personen	Versendungen	
1885	6099	1971	2170	1820	138	30
1886	5642	1727	2339	1513	63	24
1887	3955	1200	1864	838	53	21
1888	3649	1158	1831	604	56	27
1889	4602	1316	1968	1250	68	28
1890	4533	1195	1962	1235	141	30
1891	4600	1342	1929	1255	74	29
1891 92	3781	1129	1493	1131	28	13
1892 93	4532	1724	1688	1092	28	10
1893 94	4733	849	2303	1468	113	38
1894 95	5817	1061	2811	1816	129	39
1895 96	5028	1006	2221	1751	50	19

c) Statistik der ausgetheilten Bibliotheksscheine.

Im Jahre	Zahl der Bibliotheksscheine	davon entfallen auf							davon entlehnten gegen	
		Juristen	Philosophen	Theologen	Lehramtscandidaten	Doctoranden	Mittelschullehrer	Andere Personen	Caution	Erlag der Documente
1885	163	51	20	17	9	16	33	17	4	23
1886	170	61	25	15	13	22	18	16	8	31
1887	169	63	23	19	6	33	9	16	9	36
1888	159	64	20	15	13	24	4	19	16	23
1889	188	80	22	9	11	12	25	29	7	22
1890	204	84	23	2	11	21	23	40	12	32
1891	190	77	14	6	9	25	22	37	14	34
1891/2	171	83	16	5	5	23	20	19	11	24
1892/3	204	97	31	3	3	30	11	29	19	31
1893/4	206	102	29	4	3	16	16	26	20	22
1894 5	251	142	25	3	7	20	24	30	19	22
1895 6	230	123	26	6	6	24	12	33	23	23

d) Entlehnungen aus anderen Bibliotheken

Im Jahre	Zahl der Bände	darunter Zahl der Handschriften	Zahl der eingelangten Pakete	Im Jahre	Zahl der Bände	darunter Zahl der Handschriften	Zahl der eingelangten Pakete
1885	350	17	111	1891	439	16	97
1886	278	6	110	1891 2	419	20	86
1887	291	7	93	1892 3	521	31	95
1888	316	13	98	1893 4	248	39	100
1889	330	33	100	1894 5	363	29	117
1890	429	28	128	1895 6	571	18	116

Die meisten Bücher wurden auch in dieser Periode aus der k. k. Universitätsbibliothek in Wien entlehnt. Von ausländischen Bibliotheken wurde im Allgemeinen die Königliche Bibliothek in Berlin besonders häufig in Anspruch genommen.

Handschriften und seltene Drucke kamen von nachstehenden Bibliotheken und Behörden:[1] K. k. Hofbibliothek in Wien (83 Handschriften), K. b. Hof- und Staatsbibliothek in München (27 Handschriften), Nationalbibliothek in Paris (16 Handschriften), Kaiserliche Bibliothek in St. Petersburg, Königliche Bibliotheken in Berlin, Dresden, Bamberg und Stockholm, Grossherzogliche Hofbibliothek in Karlsruhe, Herzogliche Bibliothek in Gotha, fürstlich Stolberg'sche Bibliothek in Wernigerode, k. k. Haus-, Hof- und Staatsarchiv in Wien, Universitätsbibliotheken in Graz, Krakau, Lemberg, Prag (50 Handschriften), Budapest, Breslau, Giessen, Göttingen, Heidelberg, Königsberg, Leipzig, Studienbibliotheken in Laibach und Olmütz, Stiftsbibliotheken in Admont, Hohenfurt, St. Gallen, Dombibliothek in Köln, Bibliothek der Domschule zu Güstrow, Stadtbibliotheken zu Augsburg, Breslau, Frankfurt am Main, Hamburg, Mainz, Metz, Rheims und Trier, Bibliotheken zu Moulins und Troyes, Ossoliński'sches Institut in Lemberg, Germanisches Nationalmuseum in Nürnberg, Landesarchiv in Brünn, Mährisch-schlesische Gesellschaft für Ackerbau ... in Brünn, Unitätsbibliothek in Herrnhut, Rathschulbibliothek in Zwickau, Marienbibliothek in Halle a. S., S. Marcusbibliothek in Venedig.

Archivalien kamen vom k. k. Kriegsarchiv, vom k. k. Ministerium für Cultus und Unterricht, vom k. k. Ministerium des Innern und von der k. k. Gestütsdirection in Radautz.

5. Zur Statistik des gesammten Geschäftsbetriebes.

Den Umfang desselben im Jahre 1895 versinnlicht nachstehende Tabelle:

---

[1] Bis 30. September 1896.

a) Gestionsprotokoll des Bibliothekars 243

b) An auswärtige Adressen expedirte Zahlungen . 54

c) An hiesige Buchhandlungen abgegebene Bestellungen 35

d) An andere Bibliotheken expedirte Entlehnungspostulate 111

e) Von denselben eingelaufene Sendungen . 99

f) Rückstellungen an dieselben 103

g) Hiesige Entlehnungen an andere Anstalten . . 30

h) Rückempfänge von denselben 54

i) Mahnungen auf dem Gebiete des Ausleihverkehres 438

k) Reclamationen auf dem Gebiete des unentgeltlichen Büchereinlaufes laut Journales . . 33

l) Reclamationen von Programmen 66

m) Empfangsbestätigungen über Verordnungsblätter 39

n) Unrecommandirte portopflichtige Correspondenzen, sofern sie in obigen Rubriken nicht schon enthalten sind 170

Zusammen 1475

Dazu kommen noch die im Jahre 1895 nicht gezählten Mahnschreiben der k. k. Universitätsbibliothek in Wien und die damit zusammenhängenden Prolongationsgesuche und Prolongationsbewilligungen. Mit Zuzählung auch dieser Geschäftsstücke würde sich obige Gesammtziffer auf rund 1600 erhöhen.

Nicht eingerechnet sind ausserdem solche vorwiegend locale Reclamationen, Empfangsbestätigungen und Bestellungen, welche fast täglich vorkommend im kurzen Wege abgewickelt werden.

Das Post-[1] und locale Zustellungsbuch zählte im Jahre 1895 731 Nummern Der darin nicht enthaltene Gesammtumlauf der Postpakete im Ausleihverkehre belief sich auf

[1] Portofreie Correspondenzen.

286 Stück in einem Gesammtgewichte von rund 1100 Kilogramm. Die Zahl der auf dem Gebiete des Bücherzuwachses empfangenen und der auf dem Gebiete der Doublettenabgabe versandten Postpakete dürfte ungefähr ebenso hoch kommen.

6. Personalstand seit 1875.

Bibliothekar:

Dr. **Karl Reifenkugel,*** leitender Custos seit 18. April 1875, Bibliothekar seit 5. November 1879.

Custoden:

Johann Sbiera, Scriptor und Titularcustos seit 22. September 1875, Custos seit 10. Januar 1880, Universitätsprofessor seit 13. April 1881.

Dr. **Johann Polek,*** Amanuensis seit 8. Januar 1877, Scriptor seit 10. Januar 1880, Custos seit 22. November 1881.

Scriptoren:

Franz Wach, Amanuensis seit 14. September 1880, Scriptor seit 22. November 1881, † am 30. März 1888.

Dr. **Adolf Bucher,*** Volontär seit 10. April 1881, Amanuensis seit 3. Juni 1882, Scriptor seit 25. April 1889.

Amanuensen:

Hugo Agenor Dunay de Duna-Vecse seit 17. August 1875, resignirte auf den Posten 9. October 1876.

Richard Strele von Bärwangen seit 18. März 1877, Scriptor der Studienbibliothek in Salzburg seit 20. Februar 1880.

Johann Rongusz,* Aushilfsbeamter seit 3. Mai 1878, Amanuensis seit 17. April 1880.

Dr. **Rudolf Wolkan*** seit 25. April 1889.

Robert Klement,* Praktikant seit 25. Januar 1891, prov. Amanuensis seit 4. September 1896.

Diener:

Franz Seliger, seit 19. September 1875, † 20. Juli 1889.

Michael Czerliczek, seit 17. Januar 1876, † 2. März 1881.

Karl Persowski* seit 2. September 1881.

Theodor Mandziak* seit 17. September 1889

---

* Gegenwärtiger Personalstand.